CHINE

CATALOGUE SPÉCIAL

DES

Objets exposés

DANS

LA SECTION CHINOISE

à l'Exposition Universelle de Paris, 1900

PARIS

IMPRIMERIE ET LIBRAIRIE DE CHARLES NOBLET ET FILS

13, RUE CUJAS, 13

1900

CHINE

CATALOGUE SPÉCIAL DES OBJETS EXPOSÉS

DANS

La Section Chinoise

A L'EXPOSITION UNIVERSELLE DE PARIS, 1900

CHINE

CATALOGUE SPÉCIAL

DES

Objets exposés

DANS

LA SECTION CHINOISE

à l'Exposition Universelle de Paris, 1900

PARIS

IMPRIMERIE ET LIBRAIRIE DE CHARLES NOBLET ET FILS

13, RUE CUJAS, 13

—

1900

Exposition Universelle de 1900

CLASSIFICATION GÉNÉRALE

PREMIER GROUPE

Éducation et enseignement.

CLASSE 1. — Éducation de l'enfant. Enseignement primaire. Enseignement des adultes.

CLASSE 2. — Enseignement secondaire. (Enseignement secondaire des garçons ; enseignement classique ; enseignement moderne. Enseignement des jeunes filles.)

CLASSE 3. — Enseignement supérieur. Institutions scientifiques.

CLASSE 4. — Enseignement spécial artistique (institutions diverses et établissements pour l'enseignement des arts du dessin et des arts de la musique.)

CLASSE 5. — Enseignement spécial agricole.

CLASSE 6. — Enseignement spécial industriel et commercial.

DEUXIÈME GROUPE

Œuvres d'Art.

CLASSE 7. — Peintures. Cartons. Dessins.

CLASSE 8. — Gravure et lithographie.

CLASSE 9. — Sculpture et gravure en médailles et sur pierres fines.

CLASSE 10. — Architecture.

TROISIÈME GROUPE

Instruments et procédés généraux des lettres, des sciences et des arts.

CLASSE 11. — Typographie. Impressions diverses (matériel, procédés et produits).

CLASSE 12. — Photographie (matériel, procédés et produits).

CLASSE 13. — Librairie ; éditions musicales. Reliure (matériel et produits). Journaux. Affiches.

CLASSE 14. — Cartes et appareils de géographie et de cosmographie. Topographie.

CLASSE 15. — Instruments de précision. Monnaies et médailles.

CLASSE 16. — Médecine et chirurgie.

CLASSE 17. — Instruments de musique (matériel, procédés et produits).

CLASSE 18. — Matériel de l'art théâtral.

QUATRIÈME GROUPE

Matériel et procédés généraux de la mécanique.

CLASSE 19. — Machines à vapeur.

CLASSE 20. — Machines motrices diverses.

CLASSE 21. — Appareils divers de la mécanique générale.

CLASSE 22. — Machines-outils.

CINQUIÈME GROUPE

Électricité.

CLASSE 23. — Production et utilisation mécanique de l'électricité.

CLASSE 24. — Électrochimie.

CLASSE 25. — Éclairage électrique.

CLASSE 26. — Télégraphie et téléphonie.

CLASSE 27. — Applications diverses de l'électricité.

SIXIÈME GROUPE

Génie civil. Moyens de transport.

Classe 28. — Matériaux, matériel et procédés du génie civil.
Classe 29. — Modèles, plans et dessins de travaux publics.
Classe 30. — Carrosserie et charronnage, automobiles et cycles (véhicules autres que ceux des voies ferrées).
Classe 31. — Sellerie et bourrellerie.
Classe 32. — Matériel des chemins de fer et tramways.
Classe 33. — Matériel de la navigation de commerce.
Classe 34. — Aérostation.

SEPTIÈME GROUPE

Agriculture.

Classe 35. — Matériel et procédés des exploitations rurales.
Classe 36. — Matériel et procédés de la viticulture.
Classe 37. — Matériel et procédés des industries agricoles.
Classe 38. — Agronomie, statistique agricole.
Classe 39. — Produits agricoles alimentaires d'origine végétale.
Classe 40. — Produits agricoles alimentaires d'origine animale.
Classe 41. — Produits agricoles non alimentaires.
Classe 42. — Insectes utiles et leurs produits. Insectes nuisibles et végétaux parasitaires.

HUITIÈME GROUPE

Horticulture et arboriculture.

Classe 43. — Matériel et procédés de l'horticulture et de l'arboriculture.
Classe 44. — Plantes potagères.
Classe 45. — Arbres fruitiers et fruits.
Classe 46. — Arbres, arbustes, plantes et fleurs d'ornement.
Classe 47. — Plantes de serre.
Classe 48. — Graines, semences et plants de l'horticulture et des pépinières.

NEUVIÈME GROUPE

Forêts. Chasse. Pêche. Cueillettes.

CLASSE 49. — Matériel et procédés des exploitations et des industries forestières.
CLASSE 50. — Produits des exploitations et des industries forestières.
CLASSE 51. — Armes de chasse (matériel de fabrication et produits).
CLASSE 52. — Produits de la chasse.
CLASSE 53. — Engins, instruments et produits de la pêche. Aquiculture.
CLASSE 54. — Engins, instruments et produits des cueillettes.

DIXIÈME GROUPE

Aliments.

CLASSE 55. — Matériel et procédés des industries alimentaires.
CLASSE 56. — Produits farineux et leurs dérivés.
CLASSE 57. — Produits de la boulangerie et de la pâtisserie.
CLASSE 58. — Conserves de viandes, de poissons, de légumes et de fruits.
CLASSE 59. — Sucres et produits de la confiserie; condiments et stimulants.
CLASSE 60. — Vins et eaux-de-vie de vin.
CLASSE 61. — Sirops et liqueurs: spiritueux divers; alcool d'industrie.
CLASSE 62. — Boissons diverses.

ONZIÈME GROUPE

Mines. Métallurgie.

CLASSE 63. — Exploitation des mines, minières et carrières (matériel, procédés et produits).
CLASSE 64. — Grosse métallurgie (matériel, procédés et produits).
CLASSE 65. — Petite métallurgie (matériel, procédés et produits).

DOUZIÈME GROUPE

Décoration et mobilier des édifices publics et des habitations.

CLASSE 66. — Décoration fixe des édifices publics et des habitations.

CLASSE 67. — Vitraux.

CLASSE 68. — Papiers peints (matières premières, matériel, procédés et produits).

CLASSE 69. — Meubles à bon marché et meubles de luxe.

CLASSE 70. — Tapis, tapisseries et autres tissus d'ameublement (matériel, procédés et produits).

CLASSE 71. — Décoration mobile et ouvrages du tapissier.

CLASSE 72. — Céramique (matières premières, matériel, procédés et produits).

CLASSE 73. — Cristaux, verrerie (matières premières, matériel, procédés et produits).

CLASSE 74. — Appareils et procédés du chauffage et de la ventilation.

CLASSE 75. — Appareils et procédés d'éclairage non électrique.

TREIZIÈME GROUPE

Fils. Tissus. Vêtements.

CLASSE 76. — Matériel et procédés de la filature et de la corderie.

CLASSE 77. — Matériel et procédés de la fabrication des tissus.

CLASSE 78. — Matériel et procédés du blanchiment, de la teinture, de l'impression et de l'apprêt des matières textiles à leurs divers états.

CLASSE 79. — Matériel et procédés de la couture et de la fabrication de l'habillement.

CLASSE 80. — Fils et tissus de coton.

CLASSE 81. — Fils et tissus de lin, de chanvre, etc. Produits de la corderie.

CLASSE 82. — Fils et tissus de laine.

CLASSE 83. — Soies et tissus de soie.

CLASSE 84. — Dentelles, broderies et passementeries.

CLASSE 85. — Industries de la confection et de la couture pour hommes, femmes et enfants.

CLASSE 86. — Industries diverses du vêtement.

QUATORZIÈME GROUPE

Industrie chimique.

CLASSE 87. — Arts chimiques et pharmacie (matériel, procédés et produits).

CLASSE 88. — Fabrication du papier (matières premières, matériel, procédés et produits).

CLASSE 89. — Cuirs et peaux (matières premières, matériel, procédés et produits).

CLASSE 90. — Parfumerie (matières premières, matériel, procédés et produits).

CLASSE 91. — Manufactures de tabacs et d'allumettes chimiques (matériel, procédés et produits).

QUINZIÈME GROUPE

Industries diverses.

CLASSE 92. — Papeterie (matériel, procédés et produits).

CLASSE 93. — Coutellerie (matériel, procédés et produits).

CLASSE 94. — Orfèvrerie (matériel, procédés et produits).

CLASSE 95. — Joaillerie et bijouterie (matériel, procédés et produits).

CLASSE 96. — Horlogerie (matériel, procédés et produits).

CLASSE 97. — Bronze, fonte et ferronnerie d'art. Métaux repoussés. (Matériel, procédés et produits).

CLASSE 98. — Brosserie, maroquinerie, tabletterie et vannerie (matériel, procédés et produits).

CLASSE 99. — Industrie du caoutchouc et de la gutta-percha (matériel, procédés et produits). Objets de voyage et de campement.

CLASSE 100. — Bimbeloterie.

SEIZIÈME GROUPE

Economie sociale. Hygiène, Assistance publique.

CLASSE 101. — Apprentissage. Protection de l'enfance ouvrière.

CLASSE 102. — Rémunération du travail. Participation aux bénéfices.

CLASSE 103. — Grande et petite industrie. Associations coopératives de production ou de crédit. Syndicats professionnels.

CLASSE 104. — Grande et petite culture. Syndicats agricoles. Crédit agricole.

CLASSE 105. — Sécurité des ateliers. Réglementation du travail.

CLASSE 106. — Habitations ouvrières.

CLASSE 107. — Sociétés coopératives de consommation.

CLASSE 108. — Institutions pour le développement intellectuel et moral des ouvriers.

CLASSE 109. — Institutions de prévoyance.

CLASSE 110. — Initiative publique ou privée en vue du bien-être des citoyens.

CLASSE 111. — Hygiène.

CLASSE 112. — Assistance publique.

DIX-SEPTIÈME GROUPE

Colonisation.

CLASSE 113. — Procédés de colonisation.

CLASSE 114. — Matériel colonial.

CLASSE 115. — Produits spéciaux destinés à l'exportation dans les colonies.

DIX-HUITIÈME GROUPE

Armées de terre et de mer.

CLASSE 116. — Armement et matériel de l'artillerie.

CLASSE 117. — Génie militaire et services y ressortissant.

CLASSE 118. — Génie maritime. Travaux hydrauliques. Torpilles.

CLASSE 119. — Cartographie, hydrographie, instruments divers.

CLASSE 120. — Services administratifs.

CLASSE 121. — Hygiène et matériel sanitaire.

CATALOGUE SPÉCIAL

DE

LA COLLECTION CHINOISE

à l'Exposition Universelle de Paris, 1900

PREMIER GROUPE

Éducation et Enseignement.

Classe 3. — *Enseignement spécial agricole.*

Gouvernement Chinois. — Shanghai.

N° du port

1 2 Volumes illustrés. — Copies du Kêng Chih Ch'uan T'u. — sur la culture du riz et sur la soie.

DEUXIÈME GROUPE

Œuvres d'Art.

Classe 7. — *Peintures.* — *Cartons.* — *Dessins.*

« Les Chinois ne possèdent point, à proprement parler, d'œuvres d'art en peinture. Les seules statues connues en Chine sont les idoles en bois laqué et peint, et quelques grossières représentations d'hommes et d'animaux en pierre à l'entrée des cimetières impériaux ou mandarinaux. La peinture à l'huile est inconnue, et ce que nous appelons tableaux, c'est-à-dire peinture sur toile encadrée, n'est que d'importation récente à Canton et à Shanghai, où l'on trouve quelques peintres indigènes travaillant d'après les procédés européens. Les peintures chinoises d'ornement consistent en fresques dans les temples et en aquarelles sur papier ou sur soie, en bandes ou rouleaux appendus aux murs. Canton est célèbre pour ses aquarelles en couleurs vives sur le soi-disant papier de riz, qui n'est autre que la moelle déroulée d'une plante (*Aralia papyrifera*). Les Chinois estiment surtout les peintures faites par les anciens et représentant des paysages, des oiseaux ou de grands hommes d'État. Les sentences écrites en larges caractères par de grands écrivains sont aussi en grande vogue. »

(*Extrait du Catalogue de l'Exposition Universelle de Paris, 1878.*)

Shu Lien Chi. Hangchow

N° du port.		
501-600	100	Lustrines peintes à l'aquarelle.
601-605	5	Séries de paysages du Hsi Hu (lac occidental).

Gouvernement Chinois. — Canton.

1	1	Portrait peint à l'huile sur toile : mandarin civil de 4e cl. Bouton bleu.
2	1	— — — mandarin civil de 6e cl. Bouton blanc.
3	1	— — — Gentilhomme chinois.
4	1	— — — Dame chinoise.
5	1	— — — Intérieur de la maison d'un gentilhomme chinois.
6	1	Tableau peint à l'huile sur toile : Paysage avec pagode chinoise.
7	1	— — — Paysage avec un temple chinois.
8	1	— — — Paysage chinois.
9	1	Rouleau aquarelle représentant cent différentes espèces d'oiseaux.
10	1	Rouleau aquarelle représentant un paysage à la tombée de la nuit.
11	1	Lot de quatre aquarelles encadrées de bois noir : Arbres et fleurs.
12	1	Lot de douze aquarelles, sur soie, par série de trois, dans quatre cadres de bois noir : Fruits.
13	1	Lot de huit albums, aquarelles sur papier de riz : Scènes de la vie chinoise, industrie, etc.
14	1	Paire de coquilles peintes à l'huile : Scènes chinoises.

Wing Cheong. — Canton.

15	4	Tableaux : Paysages et scènes chinoises ; assemblage de plumes de martin-pêcheur et d'ivoire.

CLASSE 9. — *Sculpture et Gravure en médailles et sur pierres fines.*

Gouvernement Chinois. — Shanghai.

N° du catal.

2 1 Statuette en bois sculpté représentant S. E. Li Hung-Chang.

3 1 Statuette en bois sculpté représentant S. E. Tso-Tsang-tang.

4 2 Pêcheurs de crabes en bambou sculpté.

Gouvernement Chinois. — Ningpo.

88-90 6 Racines sculptées en forme grotesque.

Gouvernement Chinois. — Wênchow.

1-85 85 Pièces stéatites sculptées : reproductions de paysages et différents sujets.

86-89 4 Tablettes en stéatite sculptées montées sur pieds en bois de rose.

Gouvernement Chinois. — Foochow.

36-73 49 Pièces stéatites sculptées, reproductions de sujets divers, d'animaux et de paysages.

112-139 30 Sujets en racines sculptées, reproductions de figures, etc., etc.

183-214 32 Sujets en terre sculptée, reproductions de figures, etc.

Siemssen et Krohn. — Foochow.

357-358 4 Statues de femmes chinoises avec ornements et accessoires.

365 1 Statue de mandarin avec accessoires.

Paul von Tanner. — Foochow.

372-604 233 Idoles en bronze.
605-609 5 — en argent.

Walter T. Lay. — Foochow.

682-699 18 Idoles.

E. Stevens. — Foochow.

700 1 Idole : Dieu des marins.

Gouvernement Chinois. — Amoy.

3 1 Groupe de figurines en bois : Barbiers au travail, Lutteurs, Mendiants, Toilette du nez, Toilette de de l'oreille.

CLASSE 10. — *Architecture.*

Gouvernement Chinois. — Hankow.

N° du port.

10 Photographies des usines de Hanyang :

1-10 Fabrique de petites armes à feu.
La rivière Han.
Les hauts-fourneaux.
— — (rails manufacturés).
— — (chambre des machines).
Machine principale.
Grue à vapeur mobile.
Intérieur de la fabrique de canons
— — — des affûts, etc.
— — — de fusils et petites armes à feu.

11 Filature de soie de Outchang (ville en face de Hankow)

12 — de coton de Outchang.

J.-R. Harding. — Shanghai.

4a 2 Photographies du palais impérial de Séoul (Corée) en voie d'exécution d'après les plans de M. J.-R. Harding, ingénieur en chef des douanes impériales chinoises.

Gouvernement Chinois. — Ningpo.

1 1 Modèle de yamen avec 24 figures.
2 1 — de maison à thé avec 16 figures.

Gouvernement Chinois. — Hangchow.

627-628 2 Modèles en bois de tombe de riche Chinois.

Gouvernement Chinois. — Foochow.

342 1 Modèle d'arche monumentale.

Siemssen et Krohn. — Foochow.

350 1 Monument mémorial.

Gouvernement Chinois. — Canton.

1110 1 Modèle de maison, classe pauvre.
1111 1 — — — riche.
1112 1 — de restaurant.

TROISIÈME GROUPE

Instruments et procédés généraux des Lettres, des Sciences et des Arts.

CLASSE 11. — *Typographie — Impressions diverses.*

Gouvernement Chinois. — Soochow.

N° du port.		
1	1	Planche d'imprimerie : titre.
2-5	4	— — texte de livre.
6	1	— — texte de livre et illustration.
7	1	— — billet de banque.
		Spécimens de typographie :
8	1	Brochure : essai, examen pour le doctorat.
9	1	— — pour l'Académie.
10-17	8	Livres chinois.
18	1	— — illustré. Ces livres, n°s 8 à 18, sont exposés dans le but de montrer uniquement le style d'imprimerie.

Gouvernement Chinois. — Canton

16	1	Lot de brosses ; plaques gravées, etc., pour l'impression.
17	1	Table d'imprimerie.

Gouvernement Chinois. — Szemao.

2	2	Livres manuscrits « Lolo ».
3	1	Livret « Shan ».

CLASSE 12. — *Photographie.*

Sze Yuen Ming.— Shanghai.

5	50	Albums : Panorama de Shangai.
6	570	Photographies colorées.
7	680	Photographies.

Gouvernement Chinois. — Foochow.

345	1	Album : Vues de Foochow et ses environs.

Gouvernement Chinois. — Canton.

18-19	2	Albums : Vues de Canton.

Gouvernement Chinois. — Pakhoi.

N° du port		
1	1	Série de photographies : Hôpital des Lépreux.
2	1	— — Paysages et architectures.

Gouvernement Chinois. — Mengtsz.

1	1	Album : Vues de Mengtsz.

Gouvernement Chinois. — Szemao.

1	1	Série de photographies, y compris des vues de Szemao et district; tableaux des habitants des États Shan-chinois.

CLASSE 13. — *Librairie, éditions musicales. — Reliure (matériel et produits). — Journaux officiels.*

Gouvernement Chinois. — Shanghai.

N° du port.			
8	1 vol.		Rapport décennal de 1882 à 1891 du commerce des ports de la Chine.
9	7	—	Rapports annuels de 1892 à 1888, du commerce des ports de la Chine.
10	5	—	L'opium en Chine.
11	2	—	La soie.
12	1	—	Le thé.
13	6	—	La Musique chinoise.
14	1	—	Médecines exportées de Hankow.
15	1	—	La Jute.
16	1	—	Voyage de Ichang à Chungking.
17	1	—	Le port de Chungking.
18	1	—	Légations étrangères en Chine de 1517 à 1889.
19	1	—	Les bateaux de sauvetage en Chine.
20	1	—	Le « Sycee ».
21	1	—	Noms des stations sur la côte et dans le Yangtsé.
22	1	—	Liste des médecines chinoises.
23	1	—	Tarif des douanes impériales chinoises.
24	2	—	Personnel administratif des douanes impériales chinoises.

CLASSE 14. — *Cartes et appareils de géographie et de cosmographie — Topographie.*

Gouvernement Chinois. — Shanghai.

N° du port.		
25	1	Carte des phares de la côte de Chine.
26	7 Vol.	Liste des phares de la côte de Chine.

Gouvernement Chinois. — Soochow.

N° du port.

19 1 Géographie de la province du Kiangsu. Cartes coloriées.

CLASSE 15. — *Instruments de précision. — Monnaies et médailles.*

James W. Carrall. — Chefoo.

N° du port.

40 1 Collection de monnaies de la Chine et de la Corée, depuis les temps les plus reculés jusqu'à nos jours. La collection consiste en :

298	Spécimens en double de monnaies de la Chine.
354	— uniques — —
652	
939	Spécimens en double de monnaies de la Corée.
637	— uniques — —
1576	
40	Spécimens en double de monnaies d'Annam.
29	— uniques — —
69	
10	Spécimens en double de monnaies du Japon.
2	— uniques — —
12	
26	Médailles servant d'amulettes.

2335 différentes espèces. — 3622 pièces de monnaies.

N. B. — Attaché à cette collection se trouve un Catalogue complet en 5 volumes que le public peut consulter.

Gouvernement Chinois. — Hankow.

13 1 Collection de monnaies frappées à Outchang, province de Hupeh.

14 Sapèques de cuivre en forme de sabre de Taoist.

Gouvernement Chinois. — Shanghai

27 1 Cadran solaire.

28 1 Grande boussole.

29 1 Petite —

N° du port.

30 3 Cadres. Collection de monnaies de la province du Anhui.

31 1 — Collection de monnaies de la province du Kiangnan.

32 1 — Collection de monnaies de la province du Chěhkiang.

A. F. Schepens. — Soochow.

20 1 Collection de sapèques chinoises, coréennes, japonaises et annamites, anciennes et modernes, avec catalogue que le public peut consulter.

Gouvernement Chinois — Foochow.

346 1 Collection de monnaies de la province de Fuhkien.

Gouvernement Chinois. — Canton.

20 1 Balance avec les poids pour peser les monnaies.
21 1 — romaine, grand modèle, bois rouge.
22 1 — — petit — —
23 1 — — en os.
24 1 Compas en bois.
25 1 Cadran solaire en bois.
26 1 — — en cuivre.
27 6 Mesures à riz en bambou.
28 5 — à vin —
29 3 Spécimens de mesures de longueur.

CLASSE 16. — *Médecine et chirurgie.*

Gouvernement Chinois. — Shanghai.

33 1 Assortiment d'instruments de chirurgie.

CLASSE 17. — *Instruments de musique.*

Gouvernement Chinois. — Tientsin.

54-55 2 Tambours avec pieds.
56-57 2 Gongs.
58 1 Gong à main.
59-60 4 Cymbales.
61 2 Trompettes — « Lapa ».
62-63 4 Clarinettes — « Sona ».

N° du port

64 1 Luth à cordes en cuivre avec marteaux.

65 1 — en soie avec archet.

66-68 3 Violons.

69 1 « Hientzu » en bois rouge.

70 1 Guitare ovale — « Pipa ».

71 1 — ronde — « Yueh chin ».

72 1 Orgue à bouche — « Shêng ».

73-76 6 Flutes.

76 2 Castagnettes.

Gouvernement Chinois. — Ningpo.

3 1 Graphophone avec cylindres reproduisant les différents dialectes de l'Empire chinois et 40 cylindres répétant des chansons chinoises.

Gouvernement Chinois. — Foochow.

96 2 Trompettes.

Gouvernement Chinois. — Canton.

30 1 Gong de cuivre pour théâtre.

31 1 — — pour mandarin.

32 1 Paire de cymbales en cuivre, grand modèle.

33 1 — — — petit —

34 1 Tambour, grand modèle, pour bateau-de dragon.

35 1 — moyen modèle, pour théâtre.

36 1 — petit — —

37 1 Tambour, petit modèle, pour gardien de nuit (veilleur).

38 1 Luth, seize cordes.

39 1 Flute en bambou, brune.

40 1 — — noir et jaune

41 1 Guitare à trois cordes.

42 1 — à quatre cordes.

43 1 Violon (ton aigu).

44 1 — (ton grave).

45 1 Mandoline à quatre cordes.

46 2 Metronomes en bois.

47 1 Paire de castagnettes.

48 1 Cithare.

49-51 3 Trompettes de cuivre.

52-53 2 Flûtes en bois, pavillon de cuivre.

Gouvernement Chinois. — Szemao.

7 1 Guitare dont se servent les Kawas.

N° du port.

8 2 Flûtes dont se servent les Shans.

9 1 Flageolet — — les Miaotzu.

10 1 Cornemuse — les Akas, les Lohei et les Hsiangtan.

11 2 Gongs.

Classe 18. — *Matériel de l'art théâtral.*

Gouvernement Chinois. — Tientsin.

12 1 Représentation théâtrale. Groupe de 28 figurines en terre glaise.

13 1 Modèle de théâtre avec décors.

51-53 2 Peintures sur panneaux pour décors.

Gouvernement Chinois. — Ningpo.

4 1 Modèle de théâtre avec scène et 8 figures.

QUATRIÈME GROUPE

Matériel et procédés généraux de la mécanique.

Classe 22. — *Machines-Outils.*

Gouvernement Chinois. — Canton.

N° du port.

54 Modèle de machine à couper le jade.

SIXIÈME GROUPE

Génie civil. — Moyens de transport.

Classe 30. — *Carrosserie et charronnage, automobiles et cycles.*

Un très ancien moyen de transport pour les personnes et les marchandises en Chine est la brouette. C'est une charpente en bois avec une seule roue au milieu ; la charpente couvre et protège la roue et laisse place de chaque côté pour les voyageurs ou les objets à transporter. La brouette n'a généralement qu'une paire de brancards, cependant quelques-unes en possèdent deux, l'une se trouvant à l'avant et servant à traîner la brouette

L'homme de l'arrière porte sur ses épaules une courroie qui, attachée aux brancards, lui donne un équilibre et une prise considérables. On voit quelquefois ces brouettes lourdement chargées de marchandises qui dépassent souvent 400 kilos.

Un véhicule assez intéressant est le char auquel est attelé un buffle et qui est employé soit dans l'agriculture ou pour le transport des marchandises. Très grossièrement construit, il consiste en deux brancards au milieu desquels, à l'avant, est attelé le buffle. Sur l'arrière des brancards est construite une charpente en bois destinée à contenir les marchandises. Le tout repose sur un essieu en bois dur, auquel sont adaptées deux lourdes roues. Au lieu de bande en fer, les jantes des roues sont garnies de gros clous; cependant, dans un grand nombre de cas, les roues tournent simplement sur le bord nu des jantes. Les roues sont fixées à l'essieu, de sorte que l'essieu et les roues tournent ensemble; et comme on ne se sert aucunement de graisse, un affreux grincement accompagne le plus petit mouvement du char. Le conducteur assure que sans ce bruit le buffle ne voudrait pas avancer.

Gouvernement Chinois. — Tientsin.

N° du port.

45 Modèle de litière à mule.
46 — chaise à porteurs de mandarin.
47 — charrette de Pékin.
49 — brouette.
50 — brouette à transporter la terre, etc., etc.

Gouvernement Chinois. — Hankow.

15-16 2 Modèles de brouettes.
17 1 Modèle de char à buffle.

Gouvernement Chinois. — Shanghai.

34 1 Modèle de brouette avec figurines et bagages.

Gouvernement Chinois. — Ningpo.

5 1 Modèle de palanquin avec quatre porteurs et figurines.
6 1 — — — deux — —
7 1 — — de mariage avec quatre porteurs et figurines.

Gouvernement Chinois. — Pakhoi.

3 1 Modèle de charrette à buffles.
4 1 — de brouette.

CLASSE 31. — *Sellerie et bourrellerie.*

Gouvernement Chinois. — Mengtsz.

1 1 Équipement complet pour la première mule d'une caravane ou d'un convoi; cet équipement, employé

N° du port

dans la province du Yunnan, consiste en : bride, muselière en filaments de cocotier, musette, bât surmonté d'un cadre de bois, tapis de selle en coton ou en filaments de cocotier, courroie de poitrail, courroie de reculement, croupière, coussinet de croupière, 3 houppes, 2 drapeaux, collier de grelots, lanières de cuir brut pour attacher les colis et couvertures de feutre pour mettre les marchandises à l'abri de la pluie.

Gouvernement Chinois. — Szemao.

12 1 Couvre-tête porté par le premier bœuf d'une caravane Shan.

18 1 Tapis de selle en feutre.

Classe 33. — *Matériel de la navigation de commerce.*

Gouvernement Chinois. — Tientsin.

48 1 Modèle de bateau (Ts'ao-tzŭ).

Gouvernement Chinois. — Chungking.

1 1 Modèle de bateau pour la navigation des rapides du Yangtzekiang.

Gouvernement Chinois. — Hankow.

18 1 Modèle réduit de bateau de sauvetage. Ces bateaux sont construits en bois de sapin dans le style ordinaire des bateaux chinois. L'extérieur en est cependant un peu plus élégant. Ils ne possèdent qu'un seul mât avec une voile couleur bleu-foncé. Une pièce de bois pouvant pendre de chaque côté tient lieu de quille. L'ancre et la chaîne sont en fer et faits dans le genre chinois. Le cabestan est en bois dur. La cabine, construite pour abriter pendant le mauvais temps, occupe moins du tiers de la longueur du pont. Ces bateaux sont distingués des jonques ordinaires principalement par leur voile bleu-foncé avec un grand cercle rouge au sommet et par une inscription des deux côtés sur l'arrière, indiquant que ce sont des bateaux de sauvetage appartenant à telle ou telle station. Leur longueur moyenne est de 52 pieds sur 11 pieds de largeur et 5 de profondeur. Le prix de construction d'un bateau de sauvetage est de

N° du cat.

500 à 800 taels (1,950 à 3,127 francs), selon les dimensions et l'équipement.

19 1 Modèle de radeau. Construction très massive, mesurant de 200 à 500 pieds de long, sur 50 à 100 pieds de large et une profondeur de 6 à 20 pieds. De 10,000 à 15,000 troncs d'arbre rentrent dans la construction d'un seul radeau. Des planches disposées à la surface forment un vaste pont sur lequel tout un petit village est élevé pour loger les 100 ou 150 hommes que nécessite la navigation du radeau. La plus grande partie de ces bois vient des régions éloignées de l'Empire, des vastes forêts environnant les lacs Tong-ting, du Se-tchouen, du Yünnan et des bords du Thibet. Dans le Haut-Yang-tsé, on fait flotter les bois en radeaux assez grands mais peu profonds, lesquels augmentent de dimension à mesure qu'ils continuent leur course vers l'est, par l'addition de bois provenant de différentes issues, jusqu'à ce qu'enfin ils parviennent à un dépôt situé sur le Yang-tsé, à 10 milles environ en amont de l'embouchure du Han, où ils sont généralement refondus en différentes sections. On compte sur le courant du Yang-tsé pour faire flotter ces radeaux jusqu'à Chinkiang, une distance d'environ 500 milles. Le trajet prend de deux à quatre mois et, dans certains cas où la reconstruction du radeau est nécessitée, la durée peut s'élever jusqu'à une année. 20,000 taels (78,000 francs) seraient la valeur approximative d'un radeau d'assez grandes dimensions.

20 1 Bateau employé pour faire la police des rivières. Cette jonque possède des lignes très régulières. Cette classe de bateaux marche généralement bien, ils sont très facilement manœuvrés; ils ont un si faible tirant d'eau qu'ils peuvent facilement entrer dans les baies et les criques les moins profondes qui abondent le long des bords du Yang-tsé. Ces jonques portent généralement à l'avant un canon se chargeant par la bouche, que l'on fait partir avec une mèche. L'équipage se compose de 13 à 16 hommes. Elles mesurent de 50 à 60 pieds de long et coûtent environ 400 taels (1,600 francs).

21 1 House-boat (bateau-maison). L'accommodement fourni par ces bateaux est, d'après les idées chinoises, ample. La cabine renferme un salon ou salle à

Nos du port.

manger à l'usage des principaux passagers, les personnes de leur suite s'arrangeant comme elles peuvent. Les bagages sont renfermés dans la cale, et l'arrière de la cabine est abandonné à l'équipage et pour la cuisine commune. Ces bateaux peuvent être mis en mouvement par la voile, mais généralement on se sert de godilles ou rames d'une forme spéciale balançant sur des pivots fixés des deux côtés ou à l'arrière. 30 milles parcourus en une journée sont considérés comme une bonne distance. Ces bateaux sont principalement employés par les gens riches et par les mandarins : on les loue de 1 à 3 taëls (3 fr. 90 à 11 fr. 70) par jour. Prix : environ 350 taëls (1,365 francs).

22 1 House-boat (bateau-maison). Plus petits que les précédents, ils sont toutefois bien adaptés, par leur faible tirant d'eau, pour remonter les petites criques et, par leur capacité, pour transporter les marchandises entre les ports et les marchés de l'intérieur. C'est pour ces raisons qu'ils sont grandement employés. L'équipage se compose généralement du propriétaire et de sa famille, qui se servent de l'arrière comme cuisine et même comme chambre à coucher lorsque la cabine est occupée par des passagers. Ces bateaux peuvent être loués à raison de 400 sapèques (un franc) à 1,000 sapèques (2 fr. 50) par jour. Ils ont à peu près soixante pieds de long, portent une charge de 600 piculs (36 tonnes) et coûtent de 300 à 450 taëls (1,170 à 1,755 francs).

23 1 House-boat (bateau-maison du Hou-nan) de différentes dimensions, avec des chambres, des lits, etc. ; ils sont d'une grande commodité. Munis de mâts et de voiles, ils parcourent les lacs et les canaux. Ces bateaux ont environ 70 pieds de longueur sur 14 pieds de large et coûtent, environ, 600 taëls (2,100 francs).

24 1 House-boat (bateau-maison du Hou-nan — (plus petits

25 1 Jonque de marchandises du Kiang-si. — Elles sont pourvues de chambres pour le logement des passagers. Sur l'avant de la cabine est élevé une sorte de portique et à l'arrière une charpente est destinée à soutenir une tente en natte, abri des personnes engagées dans les opérations culinaires. Cette espèce de bateau a un système très ingénieux

N° du port.

pour baisser et relever le mât quand on passe sous des ponts. Ces jonques, mesurant à peu près 60 pieds de long, ont une capacité de 50 tonnes et coûtent environ 400 taels (1.600 francs).

26 1 Jonque de marchandises du Hou-pé. Id. Id.

27 1 Jonque de marchandises du Kiangsi. — Leur forme est quelque peu différente des autres jonques ; elles possèdent des cabines très confortables à l'avant et à l'arrière. Au sommet se trouve une charpente destinée à être couverte de nattes pendant les fortes chaleurs. Ces jonques sont, comme les précédentes, munies du mât mobile.

28 1 Jonque de marchandises du Hou-pé. — Ces jonques diffèrent peu des autres soit en dimension soit en forme, à part cependant une importante exception visible vers le milieu dans la région du mât. Cette partie du bateau apparaît particulièrement étroite ; le but en est de réduire le plus possible les droits de tonnage, la largeur étant mesurée au pied du mât et le tonnage calculé d'après cette largeur. Aucun effort n'est fait pour dérouter ces essais de fraude. Aucune marchandise de valeur n'est confiée à cette classe de bateaux. Ils ont de 50 à 70 pieds de long et coûtent environ 500 taels (1.750 francs) et peuvent contenir 65 tonnes.

29 1 Bateau garde-côtes du Hou-pé. — Bateau garde-côtes dans le genre de ceux qui font la police dans le Haut-Yang-tsé entre Ichang et Tchoungking ; ils sont communs dans toutes les eaux intérieures de la Chine.

30-31 2 Bateaux de marchandises (cargo-boat) du Se-tchouen. Font le service entre Ichang et Tchoungking, d'une longueur variant de 50 à 70 pieds, sur une largeur de 9 pieds et un tirant de 2 pieds d'eau, vides, et de 5 pieds, chargés. Prix, environ 400 taels. Tonnage, à peu près 50 tonnes.

Gouvernement Chinois. — Kiukiang.

Modèles réduits de :

1	Jonque	à marchandises	de	100	tonnes	du Hou-pé.
2	—	—	de	36	—	—
3	—	—	de	90	—	—
4	—	—	de	18	—	—
5	—	—	de	72	—	du Hounan.

Nº du port					
6	Jonque à marchandises	de	90	tonnes	du Shantong.
7	—	— de	72	—	du Kiang-si
8	—	— de	72	—	—
9	—	— de	90	—	—
10	—	— de	100	—	—
11	—	— de	30	—	—

11-a Bateau de mandarin.

12 Bateau, dit bateau-dragon, dont on se sert pour la fête chinoise du 5 de la 5me lune.

296 Bateau employé pour la surveillance, le maintien de l'ordre et pour escorte des mandarins.

Gouvernement Chinois. — Shanghai.

Modèles de :

35 Sampan (canot ordinaire) pour voyageurs.

36 Chaland (cargo-boat).

37 Bateau de rivière pour le transport du riz.

38 — — — — des voyageurs.

39 — — — — —

40 Jonque de commerce à trois mâts.

41 — — à cinq mâts.

42 Bateau employé pour faire la police de rivière.

43 — de rivière pour marchandises et pour la pêche.

Gouvernement Chinois. — Ningpo.

Modèles de :

8 Jonque, ancienne, de 180 à 300 tonnes, ayant un tirant d'eau de 12 à 14 pieds, portant un équipage de 20 à 25 hommes et faisant le commerce entre le Shantong et Ningpo.

9 Jonque, moderne. — —

10 — variant de 40 à 100 tonnes, portant un équipage de 12 à 18 hommes.

11 Jonque, faisant le commerce entre Cha-po et Ningpo.

12 — — — entre Shi-po et Ningpo.

13 Bateau dit chasse-marée, construit d'après modèle européen, portant de 170 à 300 tonnes sur un tirant d'eau de 12 à 15 pieds, ayant un équipage de 1[illegible] à 25 hommes et faisant le commerce entre le Yang-tse et Ningpo.

14 Bateau dit chasse-marée, construit comme le précédent, faisant le commerce entre Shanghai et Ningpo et portant de 300 à 500 tonnes sur un tirant d'eau de 9 à 12 pieds.

Nos du port

15 Bateau portant environ 10 tonnes et employé à la navigation des rivières et canaux, et, quand il n'est pas à la voile, il est mis en mouvement par le moyen d'un grand aviron reposant sur un tolet que deux hommes manœuvrent.

16 Bateau de passage employé au trafic de voyageurs.

17 Chaland (cargo-boat) pour marchandises.

18 « House boat ». Bateau employé par les Européens sur rivières, canaux et étangs.

19 Bateau rapide servant à faire la poste et à transporter les voyageurs.

Gouvernement Chinois. — Foochow.

Modèles de :

1 Jonque chargée de bois.
2 — pour le transport du riz.
3 — faisant le commerce de la côte.
4 — pour le commerce du sel.
5 Bateau pour le transport du bois de chauffage.
6 — à fond plat pour le commerce en canal.
8 Sampan ordinaire.
9 — pour remorquer les radeaux.
10 — ouvert.
11 Bateau pour le transport des pierres.
12 — pour le commerce des rivières.
13 Sampan.
14 Bateau pour la navigation des rapides.
15 — employé à certaines fêtes chinoises.
17 — — par les pilotes.
18 Sampan.
19 Bateau pour le transport des passagers.
21 Bac.
22 Bateau pour le commerce des criques et petites rivières.
23 — — — —
25 — triple en usage dans les rivières.
29 — pour le commerce intérieur.
30 — de mandarin.
31 Jonque de commerce.
33 Bateau pour criques.
34 Chaland.

Gouvernement Chinois. — Amoy.

Modèles de :

10 Jonque de commerce.

N° du port

11 Jonque pour le transport des passagers.

12 Canot dit « Sampan ».

Gouvernement Chinois. — Swatow.

Modèles de :

1 « Tic-à-tac », bateau servant à transporter les passagers.

2 « Bateaux-papier », ainsi appelés en raison de la faible épaisseur des planches de leur construction. Ils servent à remonter les rivières et criques et sont employés pour le transport des marchandises et des passagers.

Gouvernement Chinois. — Canton.

Modèles de :

55 Sampan (canot).

56 « Malingtan » (bateau-pantoufle).

57 Bateau actionné à l'arrière par une roue à palettes.

58 Bateau-de-fleurs.

59 Jonque de commerce.

60 Bateau de « Likin » (douanes indigènes.

61 Bateau-de-dragon.

62 Bateau de marchand de poissons.

63 Bateau de police de rivière.

65 Paquet de grelins, cables, etc.

Gouvernement Chinois. — Pakhoi.

Modèles de :

5 Jonque de cabotage.

6 — pour déchargement des marchandises.

7 — de commerce.

10 Longue barque-chaland pour navigation intérieure.

SEPTIÈME GROUPE

Agriculture.

CLASSE 35. — *Matériel et procédés des exploitations rurales.*

Gouvernement Chinois. — Ningpo.

N° du port.

Modèles de :

20 Transplanteurs de riz.

Nos du port

Modèles :

21 Herse avec figure et buffle.

22 Charrue — —

23 Montrant la préparation du riz avant la semence.

24 Semeurs de riz.

25 Bateaux employés à aplanir les mottes, avec figures.

26 Défricheurs.

27 Moissonneurs.

28 Batteurs en grange.

29 Pompe à mains, avec figure.

30 Pompe manœuvrée par un buffle, avec figure.

31 Mortier employé en ville pour écosser le riz.

32 Pompe manœuvrée avec les pieds, avec deux figures.

33 Van, avec figure.

34 Écosseuse employée en ville.

35 Crible à main, avec figure.

36 Moulin employé en campagne pour écosser le riz.

Gouvernement Chinois. — Foochow.

343 Modèle de moulin à eau.

Gouvernement Chinois. — Kiungchow.

1 Modèle d'une noria dont on se sert pour conduire l'eau d'un courant, ou d'une nappe d'eau, à des champs élevés.

Gouvernement Chinois. — Pakhoi.

11 Tourteaux d'arachide employés comme engrais dans les plantations de cannes à sucre et autres récoltes.

—

Classe 39. — *Produits agricoles alimentaires d'origine végétale.*

Gouvernement Chinois. — Hankow.

Nos du port

32 Fleurs de lis (*Hemerocallis graminea et Lilium culbiferum*). Ce sont des fleurs séchées, généralement tordues en longueurs de 4 à 5 pouces ; la couleur est d'un jaune-brun foncé, recouvert de blanc velouté. L'odeur est agréable et la saveur douce. D'un usage constant en cuisine comme assaisonnement avec les plats de viande. Cette fleur possède aussi une réputation considérable comme médecine dans les affections pulmonaires.

33 Huile de sésame (*Sesamum indicum*). Très bonne

Nos du port.

pour les usages culinaires et remplace l'huile d'olive dans les pharmacies.

34 Huile végétale de *Brassica sinensis*. C'est une espèce d'huile de colza, d'une odeur agréable. Largement employée dans la cuisine chinoise et aussi pour l'éclairage et pour les cheveux.

Gouvernement Chinois. — Shanghai

44 Pousses de bambou salées.

45 — — — séchées.

46-56 Fèves, féverolles, haricots et pois.

57 Orge.

58 Maïs.

Gouvernement Chinois. — Soochow.

21-25 2 Echantillons de riz cultivé dans la province du Kiang-su.

26-27 5 — — glutineux.

28 1 Echantillon de blé.

Gouvernement Chinois. — Pakhoi.

12 Huile d'arachide, usages culinaires et aussi pour éclairage.

Classe 40 — *Produits agricoles alimentaires d'origine animale.*

Gouvernement Chinois. — Shanghai.

Nos du port.

59 Œufs conservés. — Les œufs du canard domestique sont recouverts d'une épaisse couche d'argile mélangée de chaux, d'épices et de balles de riz. Le jaune devient vert, puis noir et se durcit ainsi que l'albumine qui prend une teinte vert d'eau. Plus ils sont vieux, plus ils sont estimés.

60 Œufs salés. — L'enveloppe préservatrice se compose de sel mélangé avec une certaine quantité d'argile.

Classe 41. — *Produits agricoles non alimentaires.*

En première ligne viennent les textiles végétaux bruts : plus loin nous parlons des plantes qui les fournissent. Viennent ensuite les laines brutes et les cocons de vers à soie. Tientsin fournit en quantité le poil de chameau qui est exporté en Europe. Vers le commencement de l'été, le poil tombe par grandes plaques, laissant pour quelque temps le corps de l'animal complètement nu ; il est soigneusement recueilli au fur et à mesure. Les fortes soies du cochon noir de la Chine, *sus leucomystax*, sont aussi exportées en

Europe pour la fabrication des brosses. Les cocons de vers à soie du chêne n'ont encore été exportés que comme échantillons, car on n'a pas encore trouvé un moyen économique de les sécher et de les presser, comme cela a lieu pour les cocons du ver du mûrier.

Plantes oléagineuses. — La Chine, particulièrement dans le Nord, est riche en plantes oléagineuses. Le *Dolichos Soja* ou *Soja hispida* est cultivé en grand dans la Mongolie et les provinces du Shêngking et du Shantung. On en extrait beaucoup d'huile à Newchwang ; une partie de ces féverolles est transportée par jonques à Chefoo, où se trouvent aussi de nombreuses et importantes manufactures d'huile. Les féverolles sont broyées sous de lourdes meules de grès, roulant dans une auge circulaire. Chaque appareil est fourni de deux meules mises en mouvement par des mules. La pulpe est soumise à une légère cuisson, dans de vastes chaudières de fonte, chauffées à la houille, puis on la place encore chaude dans des formes circulaires, faites d'une sorte de sparte ou herbe maritime et de deux solides cercles en fer. Une douzaine de ces formes sont alors empilées sur une base de pierre, entre deux solides montants formés de troncs d'arbres. Une barre transversale fort solide est alors placée sur le tout, et une vigoureuse pression est obtenue en forçant cette barre à s'abaisser, au moyen de coins placés au-dessus d'elle, dans des rainures pratiquées dans les montants, et chassés au moyen de lourds béliers en pierre, suspendus aux poutres du toit. L'huile épaisse tombe dans une fosse au pied de l'appareil. Les vases destinés à la recevoir sont de larges paniers d'osier, en forme de jarres, rendus imperméables au moyen d'un enduit intérieur de papier huilé, recouvert d'un vernis particulier formé de sang de cochon, d'alun et peut-être aussi de chaux ou de farine de pois. On fabrique également à Chefoo, par le même procédé, de l'huile d'arachides, *arachis hypogea*, cultivées dans les terrains sablonneux, et de l'huile de sésame, *Sesamum orientale*, très recherchée pour la cuisine. L'huile de coton est aussi fabriquée dans l'Ouest du Shantung et dans tous les endroits où croît cette malvacée. L'huile de chanvre est employée comme cosmétique. Les noix du Shantung, Chihli, et Mandchourie, *Juglans regia*, sont exportées dans le Sud, où l'on en extrait de l'huile. Newchwang a la spécialité de l'huile de ricin, qui est cultivé dans le Nord ; elle est fort employée dans la cuisine mongole et mandchoue, et les steamers de la côte en font une grande consommation pour le graissage de leurs machines. Les gâteaux de féverolles, résidus de la fabrication de l'huile, constituent une des exportations les plus importantes des ports de Newchwang et de Chefoo. Ils sont envoyés à Swatow et Amoy, où ils servent d'engrais dans les plantations de cannes à sucre. Le Nord fournit aussi l'huile de *Lophantus rugosus*, employée dans la peinture sur verre et sur porcelaine, et le *Brassica Sinensis*, qui donne une huile employée dans les manufactures de tabac. Dans la Chine Centrale, les graines du *camellia oleifera* fournissent une huile douce excellente, employée pour la cuisine et pour l'éclairage. L'arbuste qui la fournit, étant une espèce voisine du thé, a été confondu avec ce dernier, et on appelle à tort cette huile « tea oil ». Les fruits du *Canarium album*, appelés olives chinoises, fournissent aussi de l'huile dans la province de Kwangtung.

Vernis. — Les semences de l'*Elæococca vernicia*, qui croît en abondance dans la vallée du Yangtzekiang, fournissent à chaud une huile épaisse, très siccative, employée comme vernis dans l'ébénisterie et aussi en guise de goudron pour rendre les jonques imperméables. L'huile obtenue à froid est plus pâle et plus fluide, et sert soit à l'éclairage, soit à vernir les meubles et les parapluies. Au Hupeh, les fruits du *Jatropha curcas* fournissent une huile analogue à la précédente et employée aux mêmes usages. Enfin l'*Aleurites* *triloba* croît abondamment dans le Sud et porte des graines extrêmement oléagineuses. La famille des Euphorbiacées, à laquelle appartiennent les trois arbres précédents et le ricin, fournit encore le suif végétal. Il est obtenu par le traitement à l'eau bouillante des graines concassées du *Stillingia sebifera*, qui se trouve dans toute la Chine centrale et méridionale. Les fruits du *Rhus succedanea*, soumis à un traitement analogue, fournissent aussi une sorte de cire, dite cire végétale, et qu'il faut se garder de confondre avec l'autre corps gras appelé à tort du même nom, et qui est produit par un insecte vivant sur le même arbre et sur diverses espèces de *Ligustrum*.

Laque. — Le vernis proprement dit, ou laque, découle d'incisions pratiquées dans le tronc de plusieurs arbres de la famille des Anacardiacées, savoir : les *Rhus alata*, *R. semi-alata*, *R. succedanea*, *R. vernicifluа*, *R. venenata*, et aussi de l'*Augia sinensis*.

Résines. — Les résines, plus employées en médecine que dans l'industrie, sont fournies par le *Pinus sinensis*, *Cunninghamia sinensis*, *Thuya orientalis*, *Cupressus funebris*, et *C. thyoïdes*, etc., etc.

Plantes tinctoriales. — La teinture bleue est, suivant les provinces, fournie par différentes espèces de plantes; au Nord, dans le Shengking, Chihli et Shantung, on cultive dans ce but le *Polygonum tinctorium*. Au Shensi, Kansuh et dans la vallée du Yangtze, c'est l'*Isatis tinctoria* qui est cultivée. Au Chêhkiang, la majeure partie de l'indigo est fournie par un *Ruellia* et un *Justicia*. Plus au Sud, nous trouvons l'*Indigofera tinctoria*.

Plusieurs plantes fournissent le jaune. Au Nord, on se sert des boutons à fleurs ou des légumes desséchés du *Sophora Japonica*. Au centre, on teint la soie en jaune avec l'écorce du *Pterocarpus flavus*. Le bois de certains acacias fournit aussi cette couleur. Au Sud, on cultive le *Curcuma longa*. Le *Crocus sativus* est importé du Thibet. Les fruits du *Gardenia radicans*, récoltés dans le Honan et au Chêhkiang, fournissent encore une belle teinture jaune. La racine de rhubarbe, *Rheum palmatum*, est également employée pour obtenir cette couleur.

Les fleurs du carthame, *Carthamus tinctorius*, donnent une belle teinture rouge, et au Shantung, les graines de l'*Helianthus annuus* servent à teindre le pongée violet. On cultive beaucoup au Shantung le *Lithospermum erythrorhizon*, dont la racine fournit une teinture rouge, soluble dans les corps gras et employée pour colorer les bougies chinoises. La racine de garance, *Rubia munjista*, est employée pour teindre les soies en rouge. Les cupules de chêne, *Quercus castaneæfolia*, fournissent, avec le sulfate de fer, une bonne teinture noire. Il en est de même des noix de galle, que l'on récolte sur le *Rhus semi-alata* dans le Szechwan.

Tabac. — Le tabac, *Nicotiana Chinensis* et *fruticosa*, est fort cultivé dans le Centre et dans le Nord : celui du Shantung occidental est même très renommé. On a tenté de l'importer en Angleterre ; malheureusement il est fort mal séché et se gâte en route. Plusieurs étrangers qui l'ont essayé en cigares, en tabac à pipe et à priser, le déclarent excellent. Les Chinois se contentent de le sécher rapidement, et ils y ajoutent de l'huile de choux pour l'empêcher de tomber en poudre dans le climat sec du Nord ; on ajoute aussi un peu d'arsenic à celui qu'on fume dans les pipes à eau. Pour en faire du tabac à priser, ils le pulvérisent simplement dans un mortier et le parfument avec les fleurs du jasmin, *Jasminum sambac*.

(*Extrait du Catalogue de l'Exposition Universelle de Paris, 1878.*)

Gouvernement Chinois. — Chefoo.

N° du port.

25 1 Rouleau d'échantillon. Paille tressée blanche dite « Split plain » . . . . Prix par balle : 655 fr.

26 1 Rouleau d'échantillon. Paille tressée blanche dite « Swansneck ». . . . . . Prix par balle : 178 fr.

27 1 Rouleau d'échantillon. Paille tressée blanche dite « Fu-kew » . . . . Prix par balle : 178 fr.

28 1 Rouleau d'échantillon. Paille tressée blanche dite « Rusticana » . . . . . . Prix par balle : 178 fr.

29 1 Rouleau d'échantillon. Paille tressée blanche dite « satin cord » . . . . Prix par balle : 150 fr.

30 1 Rouleau d'échantillon. Paille tressée blanche dite « 8 ends bold cord » . . . . Prix par balle : 131 fr.

31 1 Rouleau d'échantillon. Paille tressée blanche dite « satin polo » . . . . Prix par balle : 122 fr.

32 1 Rouleau d'échantillon. Paille tressée blanche dite « double wave » . . . . . Prix par balle : 122 fr.

33 1 Rouleau d'échantillon. Paille tressée blanche dite « Single pearl » . . . . . Prix par balle : 103 fr.

34 1 Rouleau d'échantillon. Paille tressée blanche dite « 4 ends rustic ». . . . . Prix par balle : 194 fr.

35 1 Rouleau d'échantillon. Paille tressée de couleur dite « Split stoya ». . . . . . Prix par balle : 169 fr.

36 1 Rouleau d'échantillon. Paille tressée de couleur dite « Stoya » . . . . Prix par balle : 122 fr.

37 1 Rouleau d'échantillon. Paille tressée de couleur dite « Coloured plain » . . . . Prix par balle : 112 fr.

38 1 Rouleau d'échantillon. Paille tressée de couleur dite « Mottled ». . . . . . . Prix par balle : 150 fr.

39 1 Rouleau d'échantillon. Paille tressée de couleur dite « Mottled ». . . . . . . Prix par balle : 84 fr.

(Ces tresses sont faites avec la paille du froment. Il n'existe pas de manufactures. Tout le travail se fait dans les maisons des paysans, sur des échantillons que fournissent les négociants étrangers. La paille tressée s'exporte en balles recouvertes de paillassons, sauf les qualités supérieures qui, quelquefois, sont expédiées dans des caisses. Une balle se compose de 240 rouleaux ou paquets dont la longueur varie de 120 yards pour les tresses blanches et de couleur, à 60 yards pour les tresses dites « mottled », et 30 yards pour les pailles de fantaisie, par rouleau. La moyenne de l'exportation des cinq dernières années a été de 2,710.385 kilogr.

Gouvernement Chinois. — Chungking.

Nos du port.	
4	Graines de pavots.
5	Capsules de —
16-17	Soies de porc blanc et noir.

Gouvernement Chinois. — Hankow.

35	Huile de ricin.
36	— de thé.
37	— de bois, blanche.
38	— de — noire.
39	Chanvre.

Gouvernement Chinois. — Shanghai.

61	Graines noires de coton.
62	— blanches de coton.
63	— jaunes de —
64	Coton brut jaune à graines noires.
65	— blanc — —
66	— jaune — jaunes.
67	— blanc — blanches.
68	— première qualité.
69	— deuxième —
70	— troisième —
71	— quatrième —
72	— cinquième —
73	Soies de porc, export. pour la fabrication des brosses.
74	Chanvre.

Gouvernement Chinois. — Canton.

71	Coton brut.

Gouvernement Chinois. — Kiungchow

4	Chanvre.
5	Fibres d'ananas.

Gouvernement Chinois. — Mengtsz.

7	Coton non égrené.
8	— en laine.

Gouvernement Chinois. — Szemao.

19-21	Coton brut, trois qualités, produit dans les États Shans anglais.
22	Coton brut, non égrené, produit dans les États Shans chinois.

CLASSE 42. — *Insectes utiles et leurs produits — Insectes nuisibles et végétaux parasitaires.*

Gouvernement Chinois. — Chefoo.

12 1 Echantillon de cocons percés Tussa. Cocons, spécialement choisis, que l'on laisse papillonner pour faire les œufs. Prix par picul (60,453 kilogr.) : 101 fr. 40

Gouvernement Chinois. — Chungking.

6 Vers à soie, du murier.
7 Papillons de vers à soie du murier.
8 Graines — —
9 Cocons blancs de vers à soie blancs.
10 — jaunes de — jaunes.
11 — percés de — du chêne.
12 — de vers à soie du chêne.

Gouvernement Chinois. — Shanghai.

75 Cocons doubles du ver à soie du murier, de Shao-hing.
76 — percés du — —
77 — faibles du — —
78 — avec blaze du —
79 — deblazés et triés du ver à soie du murier, de Shao-shing.
80 Déchets de cocons du ver à soie du murier, de Shaos-hing.

Gouvernement Chinois. — Scochow.

29 Graines de ver à soie du murier.
30 Cocons avec blaze.
31-34 — déblazés, quatre qualités.
35 — doubles déblazés.
36 — jaunes. —
37 — percés.
38 Déchets de cocons, « Ecarts ».
39 — — inférieurs.

(Produits de la région renommée de Ouste, dans la province de Kiang-su.)

HUITIÈME GROUPE

Horticulture et Arboriculture.

—

CLASSE 43. — *Matériel et procédés de l'horticulture et de l'arboriculture.*

Gouvernement Chinois. — Lungchow

N° du port.

1 — 1 Piochette montagnarde.
2 — 1 Panier pour récolte.
6 — 1 Hache.
7 — 1 Serpette avec sa gaine.

CLASSE 48. — *Graines, semences et plants de l'horticulture et des pépinières.*

Gouvernement Chinois. — Hankow

41 Graines de ricin.
42 — de *nelumbium speciosum*, lis d'eau.
43 — de melon.
44 — de l'*acacia concinna.*
45 Gousse de graines de l'*acacia concinna.*
46 Graines de sésame noires.
47 — — blanches.
48 — de suif végétal, *stillingia sebifera.*

Gouvernement Chinois. — Kiungchow

2 Graines de sésame blanches.

NEUVIÈME GROUPE

Forêts. — Chasse. — Pêche. — Cueillettes.

CLASSE 50. — *Produits des exploitations et industries forestières.*

Les provinces du Nord de l'empire sont peu ou point boisées, à l'exception du Shengking, qui possède encore des forêts de chênes, dont il existe au moins trois variétés : *Quercus oborata, Q. Mongolica* et *Q. castaneæfolia*, puis de pins, *Pinus Sinensis.* Ce dernier se trouve dans toute la Chine. Les abiétinées n'existent pas dans le Nord, mais en descendant vers le Sud on rencontre, à partir de Ningpo, le *Cunninghamia Sinensis* et l'*Abies Campb…* On trouve abondamment cultivés au Shantung : le *Paulownia imperialis* et le *Catalpa Bungeana* ; le cyprès et le *Thuya orientalis* ombragent les cimetières, et servent à la fabrication des cercueils. Plus bas se trouvent

Rhus cotinus et *R. semialata*, le *Rhus vernicia*, qui fournit le fameux vernis ou laque de Chine, et l'*Elæococca*, dont les graines fournissent de l'huile. Les peupliers croissent plus particulièrement au Nord du Yangtze, où l'on en compte quatre espèces : *Populus tagang*, *P. venusta*, *P. coriacea*, et *P. acuta* ; leur bois léger est employé à la construction des jonques. Dans les provinces du Centre, outre l'arbre à huile, *Elæococca vernicia*, on trouve l'arbre à suif, *Stillingia sebifera*, les arbres à cire, *Rhus succedanea*, *Ligustrum lucidum* et *L. Japonicum*. Dans les environs de Shanghai, de Soochow, au Kiangsu, se trouvent les grandes plantations de mûriers, *Morus alba*, qui nourrissent les vers à soie. Plus loin on rencontre le mûrier à papier, *Broussonetia papyrifera*. Les gousses du *Gleditschia Sinensis* ou acacia féroce fournissent le savon indigène. Le bois du *Melia azedarachta* est employé à Canton pour l'ébénisterie. Celui du *Laurus camphora*, que l'on trouve dans la Chine méridionale, fournit, par la distillation, le camphre du commerce, et sert à la confection de caisses où l'on conserve les vêtements et les fourrures à l'abri des attaques des insectes. Le *Cassia lignea*, du Kuangtung et du Kuangsi, fournit une écorce analogue à la cannelle, et fort employée dans la cuisine chinoise. Ces deux provinces, ainsi que le Yunnan et l'île de Hainan, fournissent l'arbre à pain, *Artocarpus incisa*, l'aréquier, le cocotier, ainsi que plusieurs autres palmiers dont le bois et les feuilles sont fort employés pour les constructions, la fabrication des éventails, etc. Le *Chamærops excelsa* et *C. Fortunei* produisent une sorte de fibre employée à la fabrication des cordages, brosses, etc. Sur les côtes de l'île de Hainan on trouve le pandanus, le manguier, le figuier banian et le *Ficus repens*, et d'autres arbres des tropiques.

Extrait du Catalogue de l'Exposition Universelle de Paris, 1878.

Gouvernement Chinois. — Chungking.

13 Echantillons d'ambre.

Gouvernement Chinois. — Hankow.

49 Bois de camphre, *Laurus camphora*.
50 — du *styrax*.
51 — — *Quercus alba*.
52 — — *Salix Babylonica*.

Gouvernement Chinois. — Foochow.

312 Bois rouge.
313 — de mûrier.
314 — de cèdre.
315 — d'acacia.
316 — de poirier.
317 — employé pour la fabrication des semelles pour souliers.
318 Bois employé pour meubles.
319 — de lichi.
320 — de sophora du Japon.
321 — employé pour meubles.
322 — de cyprès.

Nos du port.

323 Bois de camphrier.
324 — de jujubier.
325 — employé pour instruments de musique.
326 — de lichi.
327 — de banyan de Chine.
328 — de pin d'eau.
329 — employé pour poutres de chaise à porteurs.
330 — — instruments de musique.
331 — — meubles.
332 — de pin ordinaire.
333 — employé pour la fabrication des ancres.
334 — de pamplemousse.
335 — employé pour meubles.
336 — de buis.
337 — de noisetier.
338 — d'olivier.
339 — d'arbre à colle.
340 — — dont l'écorce donne une teinture médicinale.
341 Bois d'arbre à suif.

Siemssen et Krohn. — Foochow

355 Echantillons de bambous.

Gouvernement Chinois. — Canton

66 Bois légers pour la fabrication des bouchons.
67 Bouchons en bois.
68 Bois dur.
69 Sapan, employé pour la coloration du thé.

Gouvernement Chinois. — Nengtsz.

9 Bois employé pour la fabrication des cercueils.

Classe 51. — *Armes de chasse.*

77 1 Sabre à large lame.
78 1 — à lame courbée.
79 1 — à lame double courbée.
80 1 — de cavalerie.
81 1 — court à double lame.
82 Couteaux de guerre.
83 1 Sabre court.
84 » Tridents (fourches de combat).

85 Couteaux courts de guerre.
86 Lances avec crochets.
87 1 Sabre de cavalerie.
88 1 — droit avec poignée circulaire.
89 1 Poignard.
90 1
91 1 Sabre court à large lame.
92 1 Triangle de fer employé par les brigands en guise d'assommoir.
93 1 Triangle de fer employé par les brigands en guise d'assommoir.
94 1 Sabre d'exécution.
95 1 —
97 Boucliers en rotin.
98 1 Fusil à mèche.
99 1 Pistolet à mèche.
100 1 Arc avec étui.
101 1 Carquois avec flèches.
102 1 Bague d'archer en verre.
103 1 Sabre à longue lame de cavalerie.
104 1 — — —
105 1 Triangle de fer pour combat.
106 1 Couteau de guerre.
107 1 Fusil à mèche.
108 1 Sabre.
109 1 Poignard.
110 1 Sabre droit.
111 1 Sabre avec fourreau de laque.

Gouvernement Chinois. — Kiungchow.

6 1 Arbalète et flèche des aborigènes « Li ».
7 1 Arc —
8 1 Couteau de chasse
9 1 Carquois avec ligne et hameçons des aborigènes « Li ».
10 3 Carquois des aborigènes « Li ».

Gouvernement Chinois. — Szemao.

24 1 Fusil Kawa avec trophée de chasse.
25 1 Poire à poudre Kawa.
157 2 Épées de Birmanie portées par les Shans et Chinois du Yunnan.

CLASSE 52. — *Produits de la chasse.*

Le règne animal fournit en Chine de nombreuses fourrures, surtout dans les provinces du Nord, Shengking, Chihli et Shantung. Les plus grands marchés de pelleteries sont Newchwang et Tientsin. Là se trouvent les magnifiques peaux du tigre de Mongolie, qui diffère du tigre du Bengale par son épaisse fourrure laineuse; il est aussi plus grand, et il en est qui mesurent huit pieds, du museau à la naissance de la queue. Leurs os, ongles, dents et moustaches sont employés en médecine. On trouve encore au Nord les peaux de l'ours du Thibet, ***Ursus Thibetanus***, qui existe également en Mandchourie et même au Shensi et au Kansuh. La Mandchourie et le Chihli fournissent encore des peaux de panthères, ***Felis Fontanieri***, de Manul, ***Felis Manul***, de différentes espèces de renards, de loups et de chiens sauvages, ***Canis vulpes, C. corsac, C. lupus, C. procynodes***. La loutre, la belette, la martre et le putois présentent dans le Nord des variétés particulières à la Chine. La martre zibeline, l'hermine, le renard blanc ou bleu dont on trouve aussi les peaux à Newchwang et à Tientsin, appartiennent plutôt à la Russie Sibérienne, tandis que le petit-gris et d'autres écureuils appartiennent à la Chine. Le Yack du Thibet donne au commerce sa belle queue blanche, dont on fait des chasse-mouches, tandis que les chèvres du même pays fournissent leur toison à longs poils, employée pour tapis. La peau d'agneau mort-né fait aussi une fourrure fort prisée des Chinois.

La grande classe des oiseaux fournit peu de produits industriels; nous avons déjà dit que les plumes de plusieurs espèces sont employées dans la manufacture des éventails, et que celles du martin-pêcheur servent à faire de charmantes mosaïques sur or ou sur argent. Les grandes plumes de la queue du faisan de Mongolie, ***Phasianus reevesii***, qui mesurent jusqu'à six pieds de longueur, servent à orner la coiffure des acteurs au théâtre.

Parmi les produits de la chasse particuliers à la Chine, nous devons placer le musc. C'est le produit des glandes prépuciales d'une espèce d'antilope, ***Moschus moschifera***, qui habite le Thibet, le Yunnan et le Szechuen et se rencontre quelquefois jusque dans le Chihli.

(*Extrait du Catalogue de l'Exposition Universelle de Paris, 1878.*)

Gouvernement Chinois. — Tientsin

Nº du port.		
89	1	Peau de renard, brune.
90	1	— — noire (légèrement teintée).
91	1	— — blanche.
92	6	— de zibelines.
93	6	— de marmottes (teintées).
94	6	— de castors.
95	6	— de loutres (3 doubles).

Gouvernement Chinois. — Hankow.

53	Plumes de sarcelle et de canard.
54	— d'outarde.
55	— de cygne.
56	— d'aigle.
57	— de pie.
58	— de cigogne.

Nos du cat.

59 Plumes d'aigle.
60 — de pélican.
61 — de courlis.
62 de canard.
63 Peau de faisan.
64 Cornes de buffle.

Gouvernement Chinois. — Kiungchow

39 Peaux de pythons.

Gouvernement Chinois. — Szemao

26 Os d'éléphant.
27 Peau de pangolin.

CLASSE 53. — *Engins, instruments et produits de la pêche Aquiculture.*

Ningpo est, pour ce qui concerne le poisson, le plus grand marché de toute la Chine. De là, on exporte le poisson dans tous les ports de l'Empire, et même jusque dans les pays étrangers. Quelques-uns de ces exports sont renommés, entre autres, les pieuvres ou sépias séchées de Ningpo ont acquis une célébrité bien établie. La position même de ce port, au sommet de la courbe formée par la côte chinoise, à mi-chemin des frontières septentrionale et méridionale, et à proximité d'un riche archipel où se trouvent les pêcheries, est des plus favorable pour le commerce du poisson.

La côte, sur toute son étendue, est semée d'îles et de rochers en grand nombre. Le plus important de tous ces groupes est celui qui, d'après le nom de l'île principale, s'appelle « Chusan group ».

L'archipel des Chusan est le plus célèbre de toute la côte de Chine et forme, avec le « Fishermen's group », la station de pêche pour des milliers de jonques du Chekiang et du Fuhkien. Les îles Saddles, au nord-est de cet archipel, sont fort connues pour leurs belles et grandes huîtres que l'on trouve souvent sur le marché de Shanghai avec les huîtres, plus petites et plus délicates, qui viennent de la baie de Nimrod.

Comme les pêcheries sont fort éloignées de Ningpo, l'approvisionnement de poisson pour cette ville dépend entièrement des bateaux à glace, et c'est pour cela que les propriétaires des glacières sont tenus d'avoir toujours pour trois années de glace sous la main.

Vers la mi-mars, les jonques de pêche mettent à la voile pour la première saison de pêche, qui dure environ trois mois; la seconde, celle d'hiver, est plus courte.

Quatre espèces de bateaux sont employées pour la pêche en pleine mer, dite grande pêche.

1° Les « Pach-nan » prennent toute espèce de poisson, à la ligne ou au filet; ils sont généralement cinq mois absents, du printemps à l'automne.

2° Les « Tatui chouan » (grande paire bateaux), ainsi nommés parce qu'ils sont toujours par paires, traînant entre eux le « Ta wang » (grand filet). Dans cet immense filet ils prennent surtout le « Huang yu » (poisson jaune), le « Tai yu » (Lepidopus trichiurus?), le « Lo yu » (Mansa sp.). Ils pêchent d'ordinaire en hiver.

3° Les « Hsiao tui ch'-uan » (paire de petits bateaux) sont simplement une seconde espèce de « Ta-tui », mais plus petits. Ils prennent [illegible] poisson jaune » et nombre d'autres espèces de poissons.

4° Les « Wu-tsei ch'uan » (bateaux à pieuvres) sont [illegible] pleine mer, bien qu'ils se tiennent le plus souvent près des côtes. Ils pêchent [illegible] pieuvres au filet.

En plus du « Huang Yu », du « Tai Yu et du « [illegible] », les premières catégories de bateaux apportent aussi quantité d'autres poissons, tels que morues, congres, mulets, « pomfret », méduses, crevettes, crabes, [illegible] maquereaux, brèmes, soles, etc. ; mais de tous ces poissons, le plus important est la pieuvre ou sépia dont Ningpo reçoit jusqu'à [illegible] kilos et même 8,000,000 kilos.

Les moyens employés pour capturer ce poisson dans cette province sont très variés, que ce soit dans les rivières, lacs ou canaux. Mais aucune [illegible] pêches n'est plus curieuse que la pêche aux cormorans qu'on peut [illegible] partout aux environs de Ningpo. Certains endroits sont [illegible] l'excellence des oiseaux qu'on y élève et entraîne.

Une autre manière très curieuse de pêcher, et qui est particulière [illegible] Chine, se voit souvent sur la rivière de Ningpo. Cette méthode consiste [illegible] prendre le poisson au moyen d'un long bateau plat sur le bord duquel [illegible] planche peinte en blanc est placée de façon qu'elle plonge obliquement dans l'eau. De l'autre côté du bateau se trouve dressé un filet. Le [illegible] attiré par la réflexion de la lune ou de la lumière des lanternes sur la [illegible] saute dessus et de là dans le bateau, le filet l'empêchant de [illegible] l'eau de l'autre bord.

Les anguilles se prennent en abondance au moyen de [illegible] coniques.

Les crâbes d'eau douce (Telphusa sinensis), ainsi que les [illegible] pris dans des paniers en bambou faits pour cet usage.

(Extrait du Catalogue spécial de l'Exposition internationale de Pêcherie, 1880.)

Gouvernement Chinois. -- Ningpo.

N° du port.		
37	1	Modèle de jonque de pêche variant de 10 à 15 [illegible] et ayant un équipage de 10 à 20 hommes ; [illegible] le long de la côte en attente des petites barques pour prendre leur pêche.
38	1	Modèle de bateau de pêche avec cormorans et [illegible]
39	1	— — — comme vue sur les [illegible] avec figure.
40	1	Filet employé dans les rivières.
41	1	— — sur les bas-fonds.
42	1	— — —
43	1	— — —
44	1	— — en mer.
45	1	— — dans les canaux.
46	1	— — —
47	1	— — — étangs.
48	1	— — rivières.
49	1	— — en mer.

50 1 Filet employé dans les étangs.
51 1 — — en mer.
52 1 — — dans les rivières.
53 1 Panier de pêche.
54 1 Assortiment d'hameçons.

Gouvernement Chinois. — Foochow.

Modèles de :

7 1 Bateau pour la pêche aux coquillages.
16 1 — — en mer.
20 1 — — aux huîtres.
24 1 — — en rivières et canaux.
26 1 — — —
27 1 — — avec filet.
28 1 — — en rivières.

Gouvernement Chinois. — Swatow.

Modèles de :

3 Bateaux accouplés pour la pêche au « filet-drague ». Un filet se trouve suspendu entre les deux navires qui le traînent après eux pendant qu'ils sont en marche.

4 Radeau de bambou qui s'emploie avec un bateau de pêche ; entre les deux se trouve un filet qu'ils traînent durant leur marche.

5 Bateau de pêche à fond plat ; il sert généralement à recueillir la pêche des grands bateaux pour le marché aux poissons.

6 Filets sur piquets et du bateau qui les desservent ; ce modèle montre la façon dont les filets sont suspendus dès que la marée commence à descendre. Un ou plusieurs bateaux stationnent à proximité pour communiquer avec le rivage, suspendre ou enlever les filets.

7 Traîneau pour la pêche sur la vase ; l'opérateur place un pied sur le traîneau qu'il met en mouvement en poussant la vase avec l'autre pied. Il tâte la vase au moyen d'un crochet en fer et découvre ainsi le poisson.

8 Bateaux accouplés pour la pêche au clair de lune : deux planches débordent de chaque côté de façon à faire un certain angle avec la surface de l'eau. Les pêcheurs sortent dans ces bateaux par les nuits claires, et les planches peintes en blanc prennent

N° du port.

l'apparence d'une nappe d'eau. Le poisson saute sur ces planches ou par-dessus dans le bateau.

Gouvernement Chinois. — Canton

74-75 Ficelles de lignes.

Gouvernement Chinois. — Pakhoi.

8 1 Modèle de jonque pour la pêche en haute mer
9 1 — — — sur la côte.

Gouvernement Chinois. — Lungchow.

3-4 Paniers pour la pêche.
5 1 Filet —

CLASSE 54. — *Engins, instruments et produit des cueillettes.*

Gouvernement Chinois. — Chungking

N° du port

2-3 Champignons comestibles récoltés sur les arbres.

Gouvernement Chinois. — Hankow.

65-66 *Smilax Chinensis* ou *S. lanceæfolia.* — Ce champignon souterrain sert et de nourriture et de médecine. On le rencontre sous la forme d'un gros tubercule dont la pelure est plissée et d'une couleur brun foncé. Employé dans les affections syphilitiques.

67 Champignon comestible poussant sur les arbres, principalement sur différentes espèces de pins.

68 Champignon comestible blanc croissant sur l'orme. Comme médicament, a la réputation d'être un remède tonique et fortifiant.

69 Champignon comestible rouge ressemblant à une fleur séchée.

70 Noix de galle. — Ce sont des excroissances produites par un insecte sur le *Rhus semi alata.* Généralement elles sont creuses, d'une substance cornée, dure et cassante. Elles sont chauffées à la vapeur pour tuer l'insecte. Employées par les teinturiers et les tanneurs, aussi dans la fabrication de l'encre européenne.

71 *Carthamus tinctorius.* — Fleurs : employées pour teindre la soie et le coton. Pour donner une couleur rouge à la cotonnade, il suffit de la tremper deux fois dans la teinture ; mais la soie et le satin sont toujours trempés trois fois pour leur donner ce rouge brillant si admiré des Chinois.

N° du cat.

72 *Sophora Japonica.* — Graines : ce sont les boutons non encore ouverts, ridés et charnus de la fleur; employés comme tonique et dans la teinture.

73 Mousse noire. Bouillie, elle a des propriétés rafraichissantes.

74 Poivre sauvage.

75 Résine.

76 Rhubarbe.

77 *Curcuma longa.* Racines : employées comme couleur et mélangées avec le bleu de Prusse et l'indigo. On s'en sert beaucoup pour colorer le thé vert.

78 *Bupleurum octoradiatum.* — Racines : prescrites dans les inflammations d'intestins.

79 *Plantago major.* — Graines : comme diurétique, pectoral adoucissant et tonique.

80 Gâteaux de crapaud : préparation faite de salive de crapaud et de farine. Prisée, la poudre de ces gâteaux a des propriétés rafraichissantes; très efficace pour remettre des syncopes et autres accès.

81 *Mustarda alba.* — Graines : employées comme condiment et pour faire de l'huile.

82 *Gendarussa.* — Racine : bouillie dans du lait est prescrite dans les fièvres rhumatismales.

83 Gésier de volaille. — Médecine : prescrite dans les maladies des enfants, la dyspepsie, la diarrhée.

84 *Artemisia mora.* — Feuilles : usage médicinal indéterminé.

85 *Platycodon grandiflorum.* — Racine : comme stomachique et tonique.

86 Calomel : s'emploie comme purgatif, altérant, antiscorbutique, antisyphilitique et sialalogue.

88 *Urea.* — Urine des enfants : bouillie et mélangée à un peu de sel et de sulfate de chaux pour hâter la cristallisation. L'urine des garçons, mais non celle des filles, est un remède favori. Pris intérieurement, il est supposé guérir de la débilité; extérieurement, on l'applique comme lotion aux yeux faibles et souffrants. Il est aussi prescrit dans les maladies pulmonaires.

89 *Allium ascalonicum.* — Graines de poireau : employées dans les névralgies et rhumatismes.

90 Concrétion siliceuse trouvée dans les nœuds du bambou : dans les maladies convulsives des enfants et dans les attaques d'apoplexie et de paralysie.

N° du port

91 Excroissances subéreuses trouvées sur le tronc ou les racines du liquidambar ; on les recommande dans les fièvres, la dysenterie et les désordres urinaires.

92 *Alisma plantago.* — Cette drogue se vend généralement sous la forme de sections minces et circulaires du rhizome ; comme tonique et stomachique.

93 *Croton tiglium.* — Graines : les maux de dents, affections de la gorge, prescrites aussi dans les cas d'empoisonnement.

94 *Uvularia grandiflora.* — Bulbes : données dans les fièvres, les rhumes, les rhumatismes et maladies des yeux.

95 *Valeriana.* — Rhizomes d'une espèce de valériane prescrites pour la goutte et l'enflure des pieds.

96 *Cordyceps chinensis.* — Espèce de champignon poussant sur la tête d'une chenille comme une maladie de l'insecte ; employé dans la jaunisse, la phtisie et autres maladies.

97 *Leonurus sinensis.* — Tiges : comme tonique altérant dans les maladies vénériennes et les désordres menstruels ; aussi employées dans les accouchements.

98 Scorpions salés : comme rafraîchissant dans les fièvres.

99 *Chrysanthemum album.* — Fleurs : comme lotion dans les maladies des yeux.

100 *Libanotis.* — Racine : comme remède dans les catarrhes, les rhumatismes, la lèpre, etc.

101 *Magnolia hypoleuca.* — Écorce : tonique et stomachique.

102 *Typha bungeana.* — Jonc : usage médicinal indéterminé.

103 Fiel d'ours : vendu en pilules comme remède homœopathique dans les affections du foie et de l'abdomen.

104 *Trichosanthes dioica.* — Prescrit comme remède diurétique et laxatif.

105 *Sophora tomentosa.* — Racines : employées comme toniques, pectorales et diurétiques.

106 *Begony.* — Racines : employées dans le traitement des ulcères.

107 *Berberis lycium.* — Fruits : réputés efficaces dans les maladies des yeux.

108 — — Écorce : on lui attribue les propriétés de la quinine.

109 *Robinia amara.* — Racines : remède contre la lèpre, la dysenterie, etc.

110 *[illegible]*. — Minéral : usage médicinal indéterminé.

111 Écailles de tortues : pris en décoctions par les personnes âgées comme fortifiant et stimulant.

112 Cornes de chamois : contre les maladies du foie et pulmonaires.

113 *Forsythia suspensa*. — Fruits, remède antiphlogistique.

114 *[illegible]*. — Espèce de gomme mélangée avec de la réglisse comme lotion dans la lèpre.

115 *Gentiana scabra*. — Herbe : utile contre l'ophtalmie.

116 Dents de dragon : ce remède est supposé agir sur le foie.

117-118 Os de dragon : pulvérisés et donnés contre la fièvre, l'hémorragie et les flux.

119 *[illegible]*. — Tiges : comme dérivatif.

120 *Verbena officinalis*. — Plantes : propriétés anthelmintiques et antiscorbutiques.

121 *Ophiopogon Japonicus*. — Petits tubercules d'une plante liliacée : comme tonique et altératif.

122 *Evodia rutæcarpa*. — Fruits : prescrits dans les maux de tête.

123 *[illegible]*. — Racines : on en fait une espèce de vin contre la fièvre.

124 *[illegible]*. — Racines : usage médicinal indéterminé.

125 *Prunus glauca*. — Fruits : le péricarpe séché est un remède arthritique, sédatif et astringent.

126 *Clematis vitalba*. — Tiges : on reconnaît à ces tiges des qualités stimulantes et excitant les sens et les facultés.

127 *Cupulea geniculata*. — Racine : comme remède contre les rhumatismes et les souffrances syphilitiques des os.

128 Fiel de bœuf : vendu en pilules contre les affections du foie.

129 *Tribulus terrestris*. — Fruits : rendant de grands services dans la spermatorrhée.

130 *Lilium candidum*. — Feuilles : bouillies et mangées avec du riz, prescrites contre les rhumes.

131 *Pæonia albiflora*. — Principal ingrédient dans les prescriptions ayant rapport aux désordres menstruels.

132 *Mylabris cichorii*. — Cantharides : employées surtout comme remède contre l'hydrophobie.

133 *Arisæma triphyllum*. — Racines : comme émétique ; aussi dans les rhumatismes.

134 *Chinese Buchanghia*. — Fruits : propriétés stimulantes, stomachiques et astringentes.

N° du port.

135 *Morus alba.* — Ecorce : usage médicinal indéterminé.

136 *Dioscorea sativa.* — L'igname ordinaire, pelé, séché et réduit en poudre, est employé contre la diarrhée.

137 *Caprifolium chinense.* — Fleurs : contre l'hydropisie et les rhumatismes.

138 Crabes fossiles : très lourds et de couleur grise, pulvérisés tres fin, sont prescrits dans les maladies d'yeux.

139 *Coptis teeta.* — Rhizomes aquatiques d'une espèce de « justicia » employés contre la dyspepsie.

140 *Salvia multiorhiza.* — Racines : propriétés altératives et antispasmodiques.

141 *Arabia edulis.* — Racines : prescrites dans les affections puerpérales.

142 *Campanula pilosula* — Racines : comme tonique et stomachique.

143 *Urtica tuberosa.* — Tubercules secs et ridés : contre les névralgies et les paralysies.

144 *Melanthium Cochinchinense.* — Tubercules employés dans les maladies de poitrine.

145 *Amomum.* — Graines, propriétés vulneraires : styptiques et astringentes.

146 *Atractylodes rubra.* — Racines : contre les maladies des yeux et les rhumatismes.

147 *Amomum medium.* — Graines : prescrites contre la dyspepsie et les fièvres intermittentes.

148 *Alisma plantago.* — Rhizomes : comme tonique et diurétique.

149 *Evonimus Japonicus.* — Ecorce : prescrite dans la spermatorrhée et les affections puerpérales.

150 *Angelica* — Racine : remède contre la lèpre les catarrhes et les apoplexies.

151 Coléoptères noirs : dans de l'alcool, ils sont supposés guérir les fractures.

152 *Cuscuta Chinensis.* — Graines : prescrites dans les maladies urinaires.

153 *Aralia papyrifera.* — La moelle de cette plante est coupée en feuilles dont on se sert pour les blessures.

154 *Anchusa tinctoria.* — Racine : prescrite pour faire sortir les éruptions de la petite vérole.

155 *Convolvulus.* — Racine : dans le traitement des affections pulmonaires.

156 Centipèdes. — Séchés et pulvérisés, dans les maladies vénériennes.

157 *Zanthoxylon piperitum.* — Fruits : comme tonique et stomachique.

158 *Dendrobium nobile.* — Tiges : usage médicinal indéterminé.

159 *Artemisia abrotanum.* — Feuilles : employées comme remède contre la jaunisse et les fièvres.

Gouvernement Chinois. — Swatow.

9 Pain de goémon.

Gouvernement Chinois. — Canton.

72-73 Poudre de pierre de lard, blanche et noire.
76 Mèches à lampe.
77 Copeaux employés pour la tête.
78 Champignons.
80 Hardales.
81 Poudre d'Hardal.
322 Collection de bâtons à encens.

Gouvernement Chinois. — Kiungchow.

3 *Galanga.* — Racine : employé comme condiment.
30 Noix de bétel, usage médicinal.
31 — décortiquées, usage médicinal.

Gouvernement Chinois. — Pakhoi.

45 Fruit séché de l'*Illicium anisatum.*

Gouvernement Chinois. — Szemao.

4 Racine d'une espèce d'*Adenophora* : pour usage médicinal.
5 Graines d'un arbre : pour usage médicinal.
6 Espèce d'*Aralia* : — —
28 Gousses de l'arbre-savon : pour le lavage.
29 Graines de *Gnetum*.
30 Pomme sauvage de Yunnan, fruits du *Pyrus Delavayi, Fr.*
31 Noix de bétel.
32 Fruits : mangés avec le bétel.
33 Lichen de pin.
34 Algue, mangée par les habitants de Szemao.
35 Arbuste en fleurs, du thé de « Pu Erh ».
36 Fruits de la plante. — —
89 Amadou fait avec les feuilles d'une espèce de *Gerbera.*
90 Feuilles de l'herbe à amadou.
94 Plante produisant l'indigo.

DIXIÈME GROUPE

Aliments.

CLASSE 55. — *Matériel et procédés des industries alimentaires.*

Amoy et Swatow exportent beaucoup de sucre. Les manufactures sont généralement situées au centre des terrains de production de la canne, et occupent, selon l'importance de ceux-ci, une, deux, ou quelquefois trois presses. Chaque manufacturier travaille indépendamment de son voisin. Les procédés de presse et de manufacture sont [illegible], [illegible] peut s'en rendre compte d'après les modèles des [illegible] employés par les indigènes. Le moulin se compose de [illegible] de bois dur, entre lesquels la canne à sucre est pressée par des [illegible] en mouvement par un ou plusieurs buffles. Le [illegible] dans un réservoir. Il est placé dans de vastes chaudrons et [illegible] jusqu'à ce qu'il ait pris la consistance de la mélasse [illegible] l'ébullition, en ayant soin de le débarrasser au fur et à mesure [illegible] présentent, des impuretés qu'il contient. [illegible] dans des récipients en terre de forme conique [illegible] trous dans leur partie inférieure. [illegible] puis on les bouche avec soin, au moyen de terre glaise. [illegible] en plein air pendant trente [illegible] débouchés. Leur contenu, une fois complètement sec, est séparé en [illegible] catégories. La partie supérieure du récipient [illegible] partie moyenne, le sucre [illegible], et la partie inférieure [illegible] égouttements qui sont laissés sécher au soleil fournissent le sucre [illegible].

Gouvernement Chinois. — Amoy.

N° du port

13 1 Modèle montrant les procédés dans la fabrication du sucre.

Gouvernement Chinois. — Swatow.

9 1 Modèle montrant les procédés dans la fabrication du sucre.

CLASSE 56. — *Produits farineux et leurs dérivés.*

Gouvernement Chinois. — Hankow.

202 Vermicelle, fait avec de la farine de riz.

Gouvernement Chinois. — Canton.

87 Farine de châtaignes.

88 — de racine de muguet.

89 — de chardon d'eau.

Gouvernement Chinois. — Szemao.

74 Farine de blé.

CLASSE 58. — *Conserves de viande, de poissons, de légumes et de fruits.*

Gouvernement Chinois. — Hankow

Nos

160 Dattes noires.

161 — rouges.

162 Noix.

163 Noyaux de noix.

Gouvernement Chinois. — Canton

82 Longanes sans enveloppe (Fruits).

83 — sèches —

84 Litchis —

Gouvernement Chinois. — Kiungchow

11-12 Ailerons de requin noirs et blancs.

Gouvernement Chinois. — Szemao

72 Haricots salés.

CLASSE 59. — *Sucres et produits de la confiserie, condiments et stimulants.*

Gouvernement Chinois. — Hankow

164 Thé Ningchow. — Est cultivé sur les plus hautes chaînes de collines ; ces thés sont les meilleurs, les plus fins, et les plus aromatisés des thés Congou produits en Chine. — Le thé est un arbuste touffu et rabougri, poussant aux flancs des coteaux et en général sur tous les sommets des régions à thé. Il est généralement cultivé dans un terrain composé de granit rouge et sablonneux. Les feuilles fraîches sont brillantes, toujours vertes, ovales, légèrement pointues et grossièrement dentelées. On les cueille trois ou quatre fois par an. La première récolte, qui est la meilleure, a lieu en avril. Les feuilles sont légèrement séchées au soleil et écrasées dans des baquets afin d'en extraire une partie de l'eau, et de leur donner une torsion. Elles sont ensuite chauffées à différentes reprises, à une température assez basse, puis vannées, triées et emballées dans des caisses doublées intérieurement de feuilles de plomb.

165 Thé Ningchow. — Comme le précédent.

166 Thé — Est cultivé à un niveau plus bas que les précédents et il est généralement moins fin et moins fort que les thés du district de Moukong.

N° du port.

167 Thé, Wu-nung. — Les thés de ce district sont généralement beaux en apparence, très aromatiques, mais peu forts.

168 Thé, Ho-kau. — Du district de ce nom. La feuille sèche est rougeâtre; infusée, elle a un petit goût de feu.

169 Thé, Kee-naun. — Les thés de ce district étaient autrefois employés comme thé vert. Ils ont une liqueur forte, avec une sorte de saveur de chocolat.

170 Thé, Oanfa. — C'est un très vaste district ; le meilleur thé représenté par cet échantillon, croît sur les plus hautes élévations, il est remarquable par sa force; celui qui est cultivé dans des lieux moins élevés est également aromatique, mais moins fort.

171 Thé, Fou-yuen. — Ce district touche à celui de Oanfa, mais il est plus élevé. Les thés en sont forts et piquants, mais ils n'ont pas la [illegible] du bon Oanfa.

172 Thé, Chow-sow-kan. — Cultivé sur les collines environnant le district de Ping-kong ; il a un doux arome et une force moyenne.

173 Thé, Kee-kow. — District assez [illegible]. Ce thé est généralement faible dans la tasse. La feuille est [illegible]

174 Thé, Lew-yang. — De belle apparence [illegible] mais n'a pas beaucoup de qualité.

175 Thé, Lie-ling. — D'assez belle apparence, mais [illegible] peu de qualité.

176 Thé, Wai-san. — Ce district [illegible]. Les [illegible] feuilles sont envoyées à Kee-kow ou à Oanfa. Il est faible dans la tasse, mais d'un bon arome.

177 Thé, Lan-teen. — Il est assez [illegible], mais [illegible] dans la tasse ; même espèce que le [illegible], mais [illegible] peu meilleur.

178 Thé, Seang-tams. — Ce district produit la dernière qualité de thé, qui n'a en sa faveur que son bas prix.

179 Thé, Tatsa-ping. — Il a des qualités assez semblables aux Wu-nung, n° 167; de moins belle apparence, mais plus fort.

180 Thé, Sun-yang. — Comme les précédents, de moins belle apparence encore.

181 Thé, Yang-lo-tung. — Beau thé, aromatique, mais peu dur.

182 Thé, Tong-san. — Thé très aromatique, avec une feuille grossière.

183 Thé, Pack-keng. — Grosses feuilles avec un goût fort, mais à peu d'autres qualités.

184 Thé, Yip-ke-see. — Feuilles médiocres; les meilleurs thés de ce district sont aromatiques et assez forts.

185 Thé, Wan-kai. — Semblable aux deux précédents.

186 Thé, Ichang. — Petit district près d'Ichang; les thés en sont remarquablement forts et piquants.

187 Thé en tablettes. — La poussière de thé est pressée en tablettes au moyen d'une presse hydraulique. Elles sont emballées dans des caisses de 432 tablettes chacune.

188 Thé en briques. — Pressées comme dans le cas précédent, ces briques sont emballées dans des corbeilles en contenant 144 chacune.

189 Thé en briques. — Id. Une corbeille ne contenant que 72 briques.

190 Thé en briques. — Les feuilles de thé sont séchées au soleil, puis mises dans des moules où elles sont chauffées à la vapeur et pressées à la main. Les briques sont séchées et emballées au nombre de 110 dans une corbeille.

191 Thé en briques. — Id. Une corbeille ne contenant que 45 briques.

192 Feuilles de thé. — Feuilles de toutes sortes, les mêmes dont on se sert pour faire les briques précédentes.

193-195 Poussière de thé. — Débris des feuilles après le séchage, etc.; employés pour fabriquer des tablettes.

196 Feuilles de thé. — Feuilles séchées au soleil; on s'en sert dans la fabrication des briques de thé noir.

197-201 Feuilles de thé. — Feuilles séchées au soleil, employées dans la fabrication des briques de thé vert.

Gouvernement Chinois. — Foochow.

297 Thé parfumé Hwarshang.
298 — Souchong.
299 — en poussière.
300 — en feuilles.
301 Bourgeons de thé Congou.
302 Thé mélangé.
303 — Congou.
304 — Panchong.
305 — Oulong.
306 — fleur de Pekoe.
307 — câpre parfumé.

308	Thé Pekoe parfumé.
309	Tiges de thé.
310	Feuilles de thé brisées.
311	Thé Congou en briques.

Siemssen et Krohn. — Foochow.

354	7 boîtes de thé.
356	3 —
361-364	33 — —

Gouvernement Chinois. — Amoy.

14	Thé noir, Congou.

Gouvernement Chinois. — Swatow.

10-14	Sucre blanc, 5 qualités.
15-21	— brun, 7 —
22-23	— candi, 2 —

Gouvernement Chinois. — Canton.

85	Cannelle.
86	*Cassia Lignea.*

Gouvernement Chinois. — Pakhoi.

13	Sucre brun (ou cassonade).
14	— blanc en partie raffiné.

Gouvernement Chinois. — Szemao.

Thé de « Pu Erh » :

37-43	du district de « I Pang », montagne « I Pang », 7 qualités.
44-49	— — — « Nin-kun [illegible] », 6 —
50-54	— — — « Man-chuan », 5 —
55-56	— — — « Man-Sung », 2 —
57-61	— — — « I Wu », 5 —
62-63	— « Menghai » — « Nangno », 2 —
64-65	en gâteaux, genre commercial.
66	en balles, 3 —
67	— — qualités spéciales.
68	gâteaux carrés, genre commercial. —
69	— — thé de tribut —
70	Extrait de thé en petits gâteaux, expédiés à Pékin.
73-74	Sucre candi, 2 qualités.
75	Sel gemme.
76	Sel raffiné.

Classe 60. — *Vins et eaux-de-vie de vin.*

[illegible] ... dans les provinces du Nord [illegible] ... dans toutes les provinces de l'empire. Dans les provinces centrales et méridionales on se sert du riz [illegible] ... qui est fabriqué à Shaoshing dans la province du Chekiang est particulièrement célèbre.

Gouvernement Chinois — Soochow

Nos		
40	Vin de riz d'un an.	
41	—	de deux ans
42	—	de trois ans
43	—	de quatre ans
44-47	—	parfumé.
48	—	à la rose.
49	—	à la Kueihua (*Osmanthus fragrans*).
50	—	aux dattes.
51	—	sucré avec du miel.
52-53	—	médicinal, tonique.

ONZIÈME GROUPE

Mines. — Métallurgie

Classe 63. — *Exploitation des mines, minières et carrières.*

Houille. — La houille, quand elle sera exploitée suivant les méthodes [illegible] ... des plus grandes [illegible] ... La houille grasse et l'anthracite se trouvent en abondance [illegible] ... Shansi, Shantung et Honan [illegible] ... milles carrés. Malheureusement les procédés d'exploitation sont des plus primitifs [illegible] ... Dans le Shangking et le Shantung, la houille est souvent convertie en coke pour diminuer le poids et faciliter les transports. [illegible] ... des vapeurs de commerce qui courent entre Hankow et Shanghai. Les charbons des [illegible] ... de Canton sont [illegible] ... laissent beaucoup de [illegible] ... [illegible] ... employés pour la cuisine.

Fers et aciers. — [illegible] ... se trouve en abondance dans la plupart des provinces, mais surtout dans le Shansi, le Szechuen, le Hunan, le Honan, le Chekiang et le [illegible] ... Les minerais les plus abondants sont [illegible] micacé, l'oxyde magnétique, l'hématite et la limonite. A Wénchow, dans le Chéhkiang, on fabrique quantité d'objets de fer : le métal est retiré du minerai par la méthode dite Catalane.

Plomb. — La galène ou sulfure de plomb se trouve dans le Chehkiang et le Fukien, au Szechuan et au Shantung. Les plombs indigènes sont généralement fondus en petits saumons d'un gris foncé, mais la majeure partie du plomb employée dans l'empire est importée d'Europe, surtout d'Angleterre.

Étain. — Il en existe des mines sur le territoire des Karchins, en Mongolie, et dans les provinces du Yünnan et Szechuan.

Cuivre. — Le cuivre se trouve au Fukien, dans l'Anhwei, le Szechuan, le Yünnan, le Shansi, le Shensi et la province du Kwangtung. Les principaux minerais sont le sulfure et le carbonate. Les alliages de cuivre sont nombreux. Il y a : le cuivre blanc, qui contient du cuivre, du zinc, de l'arsenic et du nickel ; le faux argent, qui est un mélange de cuivre, d'étain et de nickel.

Zinc. — On en trouve des mines dans le Kweichow. Il en vient aussi une grande quantité de Yung Chang-fu au Yünnan.

Mercure. — Le cinabre ou sulfure de mercure se trouve dans les provinces du Szechuan, Kwangtung, Kwangsi, Kweichow, Shensi, Kansuh et Hunan. Au Shensi, on brûle des fagots dans le puits de la mine, et on recueille le métal après condensation. Le mercure se trouve aussi à l'état métallique dans le Kweichow, le Honan et le Shantung. Celui des deux premières provinces est apporté sur le marché dans des bouteilles de pierre ou des tubes de bambou.

Arsenic. — L'arsenic se trouve à plusieurs endroits, mais principalement à Kwangsin-fu, dans le Nord-Est du Kiangsi, où l'on obtient l'acide arsénieux, ou arsenic blanc du commerce, par la sublimation du minerai. Le pays, tout autour des fabriques, n'est plus qu'un vaste désert, les vapeurs empoisonnées ayant détruit toute végétation et forcé hommes et animaux à s'éloigner de la zone dangereuse. L'arsenic est employé en agriculture pour protéger les grains et les jeunes plantes contre l'attaque des insectes. L'arsenic rouge est taillé en statuettes et en coupes ; ces dernières sont employées en médecine. C'est du Yünnan que vient l'orpiment employé en peinture.

Métaux précieux : Or. — L'or se trouve abondamment répandu en Chine dans les quartz, mais surtout dans les sables d'alluvion du Yangtse-Kiang et des rivières des provinces du Nord (Shantung et Shengking). Il se trouve aussi dans la rivière Min au Szechuan. L'île de Hainan, la province de Kwangtung, le Yünnan, le Kweichow possèdent aussi de l'or. Les vallées du Thibet, selon les missionnaires catholiques, en renferment de grandes quantités. La plus grande partie de l'or du marché chinois vient des provinces du Nord et des mines de Mandchourie ; il arrive en feuilles, ou bien en barres du poids d'environ 10 onces, et est d'une pureté remarquable : 90 à 96 0/0 de métal fin avec quelques traces de cuivre et d'argent. Il s'exporte beaucoup dans l'Inde et surtout en Europe depuis des années.

Argent. — L'argent vient du Kwangtung, de l'île de Hainan, des provinces du Kwangsi, Yünnan, Honan, Shensi et Kansuh. Il en vient aussi des pays situés au Nord de la Grande Muraille. Dans le Shantung, on trouve de riches galènes argentifères.

Roches d'ornement et pierres précieuses. — Les provinces du Nord possèdent de beaux marbres blancs cristallins peu exploités. Le Shantung possède des marbres blancs, noirs unis ou veinés, des brèches de diverses couleurs, mais les seuls marbres connus des étrangers sont ceux de Canton, blancs, [illegible] et rouges [illegible] des dessus de table et des sièges et dossiers de fauteuils.

La pierre [illegible] aux yeux des Chinois est le jade. La Chine est aussi [illegible] de Honan, les agates de Mongolie [illegible] de roche, des grenats et des cornalines [illegible] des diamants à Yichowfu.

(Extrait du Catalogue de l'Exposition Universelle de Paris, 1878.)

Gouvernement Chinois. Chungking.

N°	
18	Minerai de fer.
19	Fer en lingots.
20	Acier.
21-23	Houille.

Gouvernement Chinois. Hankow

203	Alun vert.
204	— blanc.
205	Arsenic rouge.
206	— blanc.
207	Gypse fibreux.
208	Minerai de fer.
209	— de plomb.
210	— d'antimoine.

Arsenal de Foochow.

1	Galène,	situation des gisements.	« Tchou-Ti ».
2	Fer magnétique.	—	—
3	Castine,	—	—
4	Fer magnétique.	—	« Say-Pi ».
5	Galène.	—	« Tchen-Kong-Ki ».
6	—	—	« Who-Une ».
7	Schiste charbonneux,	—	« Pé-Kun ».
8	Fer magnét. en grains.	—	« Houan-Pou ».
9	Fer magnétique.	—	« Kou-Say-Li ».
10	Houille impure,	—	« Li-Sang ».
11	— sèche,	—	« Ha-Mei ».
12	— impure.	—	« Fou-You-Tchi ».
13	— —	—	« Houan-Ni-Pong ».
14	Galène.	—	« Tchan-Kan-Tchi ».
15	—	—	« Kuan-Men-Tchan »
16	—	—	« Fou-Yan-Tchi ».
17	Fer magnétique.	—	« Kia-Min ».
18	Galène,	—	« Pin-Cain ».
A	Schiste charbonneux	—	« Lang[illegible] ».
B	—	—	« Ting-Hai ».
C	[illegible] —	—	« Tchen-Ti ».

N° du port.

D Fer puddlé, situation des gisements « Kien-Ni ».
E — « Hou-Feou ».
F Outils divers. — —
G Fonte. — « Kuang-Tao ».
H Fer puddlé, — —

Gouvernement Chinois. — Foochow

74-76 Stéatite brute, blanche, rouge et noire.

CLASSE 64. — *Grosse métallurgie.*

Gouvernement Chinois. — Hankow.

211 Fonte.
212 Fer.
213 Acier.
214 Fer en barres.
215 Fer manufacturé.

Produits des usines de Hanyan, près de Hankow. Ce fut en 1893 que ces usines furent établies par Son Excellence le vice-roi Tchang-dje-toung. Le capital investi s'élevant à vingt-trois millions et demi de francs. On produit environ deux cent mille tonnes de fer chaque année et les dépenses s'élèvent annuellement à environ cinq millions de francs.

Gouvernement Chinois. — Canton.

90 Mine de plomb blanche, en poudre.
91 — — jaune, —
92 — — rouge, —
93 — — noire, en morceaux.
94 Charbon des mines de « Kwon Sai Ko ».
95 Mica.

Gouvernement Chinois. — Mengtsz.

10 1 Plaque d'étain, extraite des mines de « Ko Chiu », l'ouest de Mengtsz.

CLASSE 65. — *Petite métallurgie.*

Gouvernement Chinois. — Hankow.

216-218 Fil de cuivre.
219-220 2 Cuvettes en cuivre.
221-222 2 Bouilloires —

223 1 Casserole en cuivre.
224-226 3 Grandes cuillers en cuivre.
227 Flacons d'odeur en métal blanc.

Gouvernement Chinois — Shanghai

81 4 Cadenas en fer.
82 8 — en cuivre.
83 2 Crochets en métal pour rideaux de lits.
84 4 — en émaillé — —
85 2 Fers à repasser.
86-87 2 Fourneaux portatifs en cuivre avec bouillotte et deux réservoirs pour chauffer le vin.
88 1 Fourneau portatif en cuivre avec bouillotte et un réservoir pour chauffer le vin.
89-90 2 Fourneaux portatifs en cuivre avec réservoir pour chauffer de l'eau.
91 1 Fourneau portatif en cuivre à double plat pour chauffer les aliments.
92 1 Fourneau portatif en cuivre à simple assiette pour chauffer les aliments.
93 1 Chaudron en cuivre pour cuire le riz
94 1 Casserole
95-96 2 Bouilloires à thé en cuivre avec fourneau à charbon de bois.
97 1 Fourneau avec bouilloire pour potage.
98 1 — avec casserole pour pâtisserie.
99 1 Cuvette en cuivre pour bouillir l'opium.
100 1 Fourneau portatif avec casserole bouilloire et réservoir pour le vin

Gouvernement Chinois. — Foochow

349 1 Chaufferette à main.

Gouvernement Chinois. — Amoy.

7 20 Paquets Feuilles d'argent pour l'argenture.

Gouvernement Chinois Swatow

93 1 Service de table officiel, en étain.
94 1 Plateau, service à déjeuner, —
95-96 2 Pots à vin. —
97 1 Boîte pour cosmétiques, —
98 1 Nécessaire de toilette pour dame. —
99-101 3 Boîtes à thé. —
102 1 Étui pour collier de mandarin. —

N° du port			
103		Tasses à vin.	en étain.
104	1	Sucrier.	
105	1	Boîte à cigarettes.	—
106-107	2	Boîtes à tabac,	
108	1	Jeu de gobelet.	
112-113	2	Brule-parfums.	—
114	1	Boîte à fruits.	—
115	1	Théière avec réchaud.	—
117	1	Nécessaire de fumeur d'opium,	—
118	1	Boîte à bijoux,	
119-120	2	Pots à eau-de-vie de riz.	—
121	1	Rince-bouche.	—
123	2	Boîtes à fruits,	—
124	2	— à conserves,	—
126	2	Supports à chapeau.	

Gouvernement Chinois. — Canton

96	Feuilles d'or.
97-98	— — imitation.
99	— de cuivre.
100	— — avec dessins
101	— de zinc.
102	Cadenas en cuivre.
103	— en fer.
104	Clous —
105	Chaufferette à main.
106	Boutons en cuivre doré.
107	Boucles — —

Gouvernement Chinois. — Mengtsz.

2	Fers à cheval avec clous

Gouvernement Chinois. — Szemao.

13	3 Sonnettes des bœufs de caravane Shan.
14	1 Série de sonnettes en cuivre.

DOUZIÈME GROUPE

Décoration et mobilier des édifices publics et des habitations.

CLASSE 66. — *Décoration fixe des édifices publics et des habitations.*

Paul von Tanner — Foochow

N°		
366	1	Grand autel bouddhiste en bois laqué.
367	1	— — sur socle sculpté.
368-371	4	Petits autels bouddhistes —
610	1	— — avec socle en bois laqué et doré.

CLASSE 67. — *Vitraux.*

Gouvernement Chinois. — Shanghai.

184	32	Vitraux, peints à l'huile, représentant différents sujets chinois.

CLASSE 69. — *Meubles à bon marché et meubles de luxe.*

Pour ce qui est des meubles proprement dits, Ningpo et Canton sont célèbres : l'un pour ses meubles en bois sculpté, incrustés de découpures en bois colorés ou en ivoire ; l'autre, pour ses meubles en bois noir, décorés des marbres blancs ou colorés des environs, etc. L'objet le plus important d'un mobilier chinois est le lit, qui atteint souvent des proportions considérables et constitue souvent, à lui seul, une sorte de chambre à panneaux et compartiments découpés à jour et ornés de transparents en gaze ou soie peinte. Les ouvriers menuisiers et sculpteurs en bois fabriquent aussi nombre d'objets de mobilier d'après des dessins étrangers, et ornés de sculptures admirablement fouillées. Canton a aussi la spécialité des meubles légers en bambou et rotin, excellents pour les pays chauds.

Extrait du Catalogue de l'Exposition Universelle de Paris, 1878.

Magasin d'Antiquités Yung Chen Chai de Pekin.

369	1	Paravent à douze panneaux en cloisonné monté sur cadre en bois sculpté.
361-362	2	Buffets en bois laqué rouge sculpté.
376-377	2	Bibliothèques en bois laqué —
378	1	Paravent à dix panneaux en cloisonné et ivoire sculpté sur cadre en bois sculpté.
392	1	Table oct. à encens, bois dur sculpté Dyn. Chien Lung.
393-394	2	— à fl[illegible], oblong. — — —
395-396	2	— à [illegible], longues — — dragon —
397-398	2	— — — — muguets —
399	1	— ronde, bords ém. — — —

N° du port.

400-401 2 Tables à thé, carrées, bois dur sculpté, Dyn. Chien Lung.
402-406 5 — à luth, longues, — —
407-410 4 — rondes, petites, — — —
411 1 Miroir avec cadre et sur pieds en bois dur sculpté incrusté de jade, dynastie Kang Hsi.
412 1 Miroir avec cadre, bois dur sculpté Dyn. Chien Lung
413-414 2 Tables à thé, carrées, — — — —
415-416 2 — — 3 pieds, — — — —
417-422 6 Tabourets — — — —
424 1 Table à luth, longue, — — — —

Gouvernement Chinois. — Ningpo.

55-56 2 Tables carrées, incrustées et sculptées.
57 1 — ronde — —
58 1 — à thé — —
59-60 2 Tabourets incrustés et sculptés.
61-64 4 Chaises incrustées et sculptées
65 1 Pupitre incrusté et sculpté
66 1 Bureau — —
67-68 2 Bibliothèques incrustées et sculptées.
69-71 3 Cabinets incrustés et sculptés.
72 1 Paravent incrusté et sculpté.
73 1 — — — avec panneaux en soie [illegible]
77 7 Tables incrustées et sculptées. En les joignant ensemble, forment une seule table.
78 1 Lit en bois doré et sculpté, se démontant en 112 pièces

Gouvernement Chinois. — Foochow

215-216 4 Piédestaux pour jardinière, en bois laqué et doré.
217-218 2 Tables à jeu, — —
219-226 8 — pour salon, — —
227-228 2 Étagères, — —
229 1 Bureau, — —
230-234 10 Petites étagères, — sculpté et doré
293-296 4 Tables, forme de feuilles. — et laqué

Siemssen et Krohn — Foochow.

363 3 Tables en bois laqué.

Gouvernement Chinois. — Swatow.

127 1 Bibliothèque en bois laqué.
128 1 Table-guéridon en bois laqué.

Kwong Cheong Tai. — Canton.

108-109 2 Tables rondes avec incrustations.

110 1 [illegible] ouvrage avec incrustations.
111 1 [illegible]
112-113 2 Tables rectangulaires avec incrustations.
114 1 Table [illegible] —
115-116 2 Tables [illegible] —
117 2 Tabourets ronds — —
118 2 [illegible] carrés — —
119-120 4 [illegible] dossier en soie brodée, avec incrustations.
121 2 [illegible] marbre, — —
122 1 [illegible] de fumeur d'opium, — —
123 2 Supports, dessus marbre, — —
124-125 2 Tables [illegible] — —
126-127 2 [illegible] en bois noir, — —

[illegible] Loung — Canton.

128-130 3 Armoires en bois noir sculpté.
131 1 Support pour musique en bois noir sculpté.
[illegible]2-137 12 Supports, dessus de marbre, en bois noir sculpté.
138 1 Table, [illegible] de porcelaine [illegible] rouge —
139 1 Support de lampe, dessus de marbre, en bois noir sculpté.
140-141 4 Chaises, siège et dossier en porcelaine, en bois noir sculpté.
142 1 Table demi-cercle, dessus de marbre, en bois noir sculpté.
143-145 3 Tables, dessus de marbre, en bois noir sculpté.
146 2 Sièges de jardin en bois noir, avec incrustations.
147 2 [illegible] — — — dessus de marbre.
148-149 4 Étagères en bois noir sculpté, dessus de marbre.
150 1 Paravent — — —
151 2 Étagères en bois noir sculpté (imitation bambou).
152 1 Écran en satin avec broderies d'or (imitation), cadre en bois noir.

I King Wa Cheong — Canton.

[illegible] 1 Table à ouvrage laquée.
174-176 3 Séries de tables à thé laquées.
177-178 2 Tables à thé, rondes —
179 1 Table rectangulaire laquée.
180 1 [illegible], octogonale, laquée.
181 1 Armoire étagère en bois noir sculpté.
182 2 [illegible] — — —
183 2 Sièges de jardin, bois noir, marbre et incrustations.

N° du port.

184 2 Sièges de jardin, bois noir porcelaine.
185 2 — — marbre.
186-189 8 Supports, — —
190 2 — bois rouge. —
191-194 8 Tabourets, bois noir,
195-196 4 — escabeaux, — porcelaine.
197-201 10 — — — marbre et incrustations.
202 2 Supports de lampe en bois rouge sculpté.
203-204 4 Tables en bois noir sculpté.
205 1 Étagère à 2 tablettes en bois noir sculpté.
206 1 — 4 — — — —

Hou Sam Yaou — Canton.

207 1 Pavillon chinois en bois sculpté, sujets divers.
209 1 Table d'autel — —
210 1 Châsse — —

On Loong. — Canton.

381 4 Panneaux en soie brodée, cadres en bois noir.
382 1 Paravent à 4 feuilles en soie brodée, cadres en bois noir.
383 1 — 3 — — —
412-413 2 Écrans de satin brodé — —
414-415 2 — de cheminée, satin brodé — —

Wo Chou. — Canton.

420 1 Écran de satin brodé (5 feuilles), cadres en bois noir.
421 1 — — — (4 —), — —
422 1 — — — (4 —), — —

Chun Quan Kee. — Canton.

1073 1 Série de 5 tables à thé, laquées.
1074-1075 2 — de 4 — —
1081-1084 4 Panneaux en satin brodé avec cadres en bois noir incrusté.
1085 1 Paravent à 3 feuilles, broderies avec cadres en bois noir incrusté.
1086 1 Paravent à 5 feuilles, broderies avec cadres en bois noir incrusté.

Gouvernement Chinois. — Szemao.

77 1 Tabouret en rotin.
78 1 Table à manger.

CLASSE 70. — *Tapis, Tapisseries et autres tissus d'ameublement.*

L'industrie des [illegible] en Chine est loin d'[illegible] de la Perse ou de l'Inde; cependant, différents types de tapis de chameau sont fabriqués dans les provinces du Nord. Ceux de la ville de Paoting-fu, capitale du Chihli, sont [illegible] renommés. Ils sont [illegible], fort épais, [illegible] et de toutes dimensions. Les dessins, généralement des dessins géométriques ou des arabesques, sont jaunes ou bleus sur fond [illegible]. On fait aussi à Kinchow-fu, province de Sheng-king, des tapis de peau de vache. Comme il fait fort chaud dans le Chihli et le Shantung, on s'y sert aussi, pendant la chaleur, de fort jolies nattes très minces, quelquefois ornées de dessins rouges et fabriquées avec l'écorce blanche ou rouge, de deux variétés de sorgho (*holcus sorghum*). Dans ces provinces [illegible] tapis [illegible] sont en laine tissée et teinte, ou en feutres imprimés. Enfin, dans les provinces méridionales soumises à un climat semi-tropical, des nattes de paille, roseau ou rotin sont [illegible] employées. Canton est le centre [illegible] et le port d'exportation d'une grande quantité de nattes en roseau (*[illegible]*). On se sert de deux variétés, dont l'une croît dans les marais salés [illegible] du [illegible], la rivière de Canton; l'autre dans les eaux douces de la petite [illegible] de Lientan, sur la frontière du Kwangsi. La couleur des roseaux est d'un beau vert [illegible], mais ils blanchissent naturellement en séchant. Bien que la plus grande partie des nattes soit [illegible], un grand nombre sont teintes ou ornées de dessins de couleur. Les couleurs les plus employées sont d'abord le rouge, puis viennent le vert, le jaune et une sorte de bleu foncé ou noir. Le rouge est obtenu au moyen d'une décoction concentrée de bois de sapan (*Cæsalpinia sapan*) [illegible] pendant deux jours, dans des baquets de bois à fond de fer. Les roseaux, mordancés à l'alun, sont plongés trois fois dans la solution de plus en plus concentrée.

Chaque bain dure six jours. Le bleu foncé et le noir s'obtiennent de la même manière, seulement le troisième bain est additionné de sulfate de fer. Pour le jaune, on emploie les boutons desséchés du *Sophora Japonica*, qui viennent du Shantung, où ils forment un article considérable d'exportation. Les bains nécessaires à l'alun sont au nombre de trois, et chaque bain d'immersion dure trois jours. Les feuilles et jeunes branches d'une [illegible] de la famille des acanthacées, croissant dans la province de Kwantung et à Honan, sont employées pour la teinture en vert; on ajoute à la décoction un mélange d'alun et de sulfate de cuivre. Les bains sont au nombre de [illegible], [illegible] de dix [illegible] vingt jours, suivant la température. Le métier employé pour le tissage est des plus simples: il se compose principalement de deux montants distants de cinq pieds, et réunis de [illegible] pieds en [illegible] pieds par des traverses horizontales. La chaîne est en fils de chanvre, la navette est un simple bâton de bambou. Le tissage se fait pendant que les roseaux sont encore humides; comme ils se retirent en séchant, on [illegible] les nattes [illegible] la trame à la main. Les nattes, d'une longueur moyenne de deux mètres, sont ensuite réunies bout à bout et on en forme un paquet ou rouleau d'environ quarante mètres de long.

Extrait du Catalogue de l'Exposition Universelle de Paris, 1878.

Gouvernement Chinois. — Tientsin.

Numéros.

86	2	Couvertures en peau de loup (descente de lit).
87	2	— — de léopard —

N° au port.

88 1 Couverture en peau de tigre (descente de lit).
96 1 Petit tapis de laine (bleue et blanche).
97 1 — — (de couleur).
98-99 2 Tapis, en poil de chameau.
100 1 — en soie.

Gouvernement Chinois. — Hankow

228 1 Tapis, fait de fils de coton, filé à la main.
228-1 1 — rayé de cinq couleurs.
228-2 1 — avec des raies bleues.
228-3 1 — — de six couleurs.
228-4 1 — — bleues.
228-5 1 — — — et blanches.
228-6 1 — rayé de six couleurs.

(De douze pouces de large et vingt-deux pieds de long. Les Européens s'en servent dans les montées d'escaliers, et aussi, cousus ensemble, comme tapis de chambre.)

Gouvernement Chinois. — Soochow

54-58 5 Tapis de coton, dessin tissé, fabriqués en pièces étroites qui sont cousues ensemble pour former la grandeur nécessaire.
59 1 Tapis de coton et de poils de chèvre, dessin tissé.
60-67 8 — — — dessin mi-partie tissé et estampé.
68-73 6 Tapis de coton et de poils de chèvre, dessin estampé.
74 1 — — — — dessin tissé.
75 1 — — — — couleur unie.

Gouvernement Chinois. — Shanghai

102 2 Nattes en bambou finement travaillées.

Gouvernement Chinois. — Ningpo

91-190 Nattes, en jonc, couleurs assorties.
191-195 — — blanc.

Reuter Brockelmann et Cie. — Canton

212 5 Nattes, descente de lit, qualité ordinaire.
213 5 — — — fine.
214 5 — — — surfine.
215 5 — — milieu blanc, « double extra impérial ».
216 5 Nattes, descente de lit, damas, qualité surfine.

N°

217 5 Nattes, descentes de lit, tressées, qualité ordinaire.
218 5 — — damas, — —
219-222 4 — qualité fine.
223-226 4 — — surfine.
227 1 — — — tapis.
228-230 3 « double extra impérial ».
231-232 2 — damas, qualité supérieure.
233 1 — tressée.
234 1 damas.

Gouvernement Chinois. — Canton.

235 Modèle montrant la fabrication des nattes.

Gouvernement Chinois. — Szemao.

79 1 Tapis pour l'usage des Mahométans.
80 1 — en feutre.
81 1 — fait à Tung-chuan.
82 1 Paillasson en jonc.
83 1 — importé à Szemao.

Classe 71. — *Décoration mobile et ouvrages de tapisserie.*

Gouvernement Chinois. — Hankow.

229 1 Rideau de lit, fait avec du tissu de fibres végétales dite « Grasscloth ». On s'en sert, en été, étendu au-dessus du lit, et pendant des quatre côtés, pour empêcher les moustiques et autres insectes de pénétrer.
230 1 Rideau de lit, fait de « Grasscloth », grossière teinte.
231 1 — — — peinte.
232 1 — fait d'étoffe soie et coton, peinte. On s'en sert en hiver.
233 Franges de rideaux de lit, en soie richement brodée. Fixées au sommet du lit comme ornement.
234 1 Nappe d'autel en étoffe rouge brodée. Elle ne couvre pas la table, mais décore simplement le devant de la table ou autel, sur laquelle les offrandes et l'encens sont étalés devant la niche des ancêtres de la famille, dans les cérémonies de mariage ou d'enterrement.

Gouvernement Chinois. — Shanghai

103 3 Glands de soie pour garniture de salle de réception.
104 2 — — de tableaux, lanternes, etc.
105-106 2 Garnitures de lit nuptial.

Gouvernement Chinois. — Ningpo.

N° du port.

74 1 Cadre avec chevalet, incrusté et sculpté.
75-76 8 Boîtes, sculptées et incrustées.
79-86 16 Cadres, en bois sculpté.
87 1 Cadre avec chevalet, en bois sculpté.
196 Modèle de 132 figures-décorations, et ses paraphernaux représentant la procession annuelle de la fête du printemps.

Gouvernement Chinois. — Hangchow.

626 Appareil de funérailles, comprenant un cercueil en bois sculpté et décoré, contenant figure en bois, vêtue, et de grandeur naturelle, représentant la femme d'un mandarin. Debout, au pied du cercueil, un bonze bouddhiste en vêtements de cérémonie et une autre figure représentant un parent de la défunte. Une collection d'objets pour sacrifice, ainsi que deux bannières avec inscription chinoise.

Gouvernement Chinois. — Wenchow.

90-91 2 Écrans avec panneaux, en bambou sculptés.
92 4 Panneaux, en bois de rose, avec incrustations de bambous découpés.

Gouvernement Chinois. — Foochow.

344 Dragon, en étoffe, employé à certaines fêtes.

Paul von Tanner. — Foochow.

611-620 Banderoles bouddhistes, d'origine thibétaine.
621-623 — — — taoïste.
624 Banderole taoïste, employée pour chasser les démons.
625-630 Banderoles bouddhistes, d'origine thibétaine.
631 Banderole taoïste, en soie.
632 — thibétaine.
633-635 Lettres patentes (Fengkaos), données par l'Empereur, accordant le titre d'ancêtre.

Gouvernement Chinois. — Canton.

236 8 Drapeaux mandchous.
237 11 — chinois.

Gouvernement Chinois. — Szemao.

84 Tablette des ancêtres Lolo.
85 Bannière de temples Shans.

Classe 72. — *Céramique.*

D'après les anciens livres chinois, la date de l'invention de la porcelaine remonterait jusqu'à la dynastie des Han (202 avant à 24 après J.-C.) ; sa première fabrication en Europe, date seulement de 1695.

La porcelaine antique surpasse de beaucoup en finesse et en beauté les productions actuelles, faites rapidement, pour répondre à la demande toujours croissante. Le secret de beaucoup de couleurs fort renommées est aujourd'hui perdu, et si certains vases du seizième et du dix-septième siècle se payaient jusqu'à 25,000 francs, les plus beaux vases modernes sont maintenant à la portée de presque toutes les bourses, et la porcelaine commune se trouve dans les familles les plus pauvres.

Les manufactures de porcelaine les plus importantes se trouvent dans les provinces de Shensi, Chehkiang et surtout dans celle de Kiangsi, district de Fowliang (manufactures de King-têh-chên) ; c'est aussi à King-têh-chên que se trouve, depuis plus de huit siècles, la manufacture impériale. On y fabrique une porcelaine particulière, ornée du dragon à cinq griffes, que l'on envoie, chaque année, à l'empereur comme tribut ; mais on y produit surtout une grande quantité de porcelaine fine, qui se répand dans tout l'empire et est même exportée à l'étranger par le port de Kiukiang. C'est aussi de King-têh-chên que provient la porcelaine fine exportée par Canton ; seulement elle y arrive blanche, les peintures et dorures étant faites dans ce dernier port.

Amoy exporte aussi de grandes quantités de porcelaine commune fabriquée à Tungan-hien et Changchow-fu, et dont la destination est Saigon, Siam, Manille, etc.

Dans les environs de Canton, on fabrique aussi de la porcelaine commune et de la poterie. Soochow, près Shanghai, et Poshan-hien, au Shantung, sont aussi renommés pour leurs poteries, Amoy pour ses briques, tuiles et carreaux.

Extrait du Catalogue de l'Exposition Universelle de Paris, 1878.

Swatow exporte une assez grande quantité de porcelaine grossière et de poterie. La différence existant entre ces deux articles consiste dans la qualité de la terre employée pour leur fabrication et dans la façon dont ils sont finis. Les « modèles » de cette manufacture montrent combien les procédés de fabrication sont à l'état rudimentaire. La terre glaise, après avoir été pulvérisée et mise en pâte, est façonnée à la main, jusqu'à ce qu'elle ait pris la forme voulue. Les objets sont alors mis au four entourés de paille et de foin haché. Ils sont soumis à l'action du feu pendant vingt-quatre heures seulement.

L'article de poterie est conservé sous son aspect grossier et brunâtre, tandis que les objets destinés à fournir la porcelaine grossière sont polis et peints à l'aide de terre rouge mélangée d'eau d'alun qui empêche les couleurs de s'altérer durant la cuisson.

Notes sur les procédés de la fabrication de la porcelaine de King-têchên, par M. C. A. V. Bowra, (Douane chinoise de Kinkiang.)

Bien qu'ayant perdu son prestige des temps passés, la ville de King-têchên est toujours le centre le plus important de la fabrication de la porcelaine en Chine. Cette ville fut nommée, d'après l'empereur Chen Tsung de la dynastie des Sung du Nord, qui régna de 998 à 1023 après Jésus-Christ, et dont la seconde période du règne fut connue sous la rubrique de Kingte. On peut le considérer comme fondateur de ces poteries. C'est le Révérend Père d'Entrecolles qui a fait la meilleure et la plus minutieuse description de la porcelaine (1). Si ce n'est pour le changement survenu dans la qualité du travail qui s'est généralement détériorée, cette description peut très bien s'appliquer au jour d'aujourd'hui. Comme grandeur et comme importance, les poteries de nos jours sont aussi bien différentes de celles du siècle dernier. Elles ont été tristement réduites. D'après les derniers exposés, les trois mille fournaises et leur million d'ouvriers, chantés par Longfellow (2), sont maintenant réduites à cent vingt fournaises et à cent soixante mille ouvriers. Au cours de leur carrière victorieuse sur le Yang-tze et dans le Kiangsi, les Taipings ont fait plusieurs visites à King-têh-chên et ont démoli toutes les fabriques.

La porcelaine dite « porcelaine de tribu » est la seule fine qui soit maintenant fabriquée. On en envoie annuellement une grande quantité à Pékin pour l'usage privé de l'empereur. Cette porcelaine était originairement cuite dans des fournaises spéciales appelées Yu Yao ou Kuan Yao, fournaises impériales ou officielles, pour les distinguer des Wai Yao ou Min Yao, fournaises extérieures ou fournaises du peuple. Mais depuis les ravages des Taipings, toute la porcelaine, sans distinction, est cuite dans les fournaises populaires. Seules, les pièces absolument parfaites sont envoyées à la cour ; ce qui fait que quelques pièces cuites pour l'usage impérial, mais rejetées, en faveur d'objets supposés supérieurs, soit pour imperfections ou pour nullité, se trouvent au marché de Kinkiang. De toutes les pièces modernes accessibles au public, celles-ci sont les meilleures. Quelques-uns des modèles peints sur la porcelaine de tribu, de nos jours, sont exactement les mêmes que ceux que l'on envoyait à l'empereur Chia-Ching en 1528 après Jésus-Christ. La plupart des produits de Kinkiang sont des duplicata de la porcelaine de tribu.

La porcelaine expédiée de Kinkiang est de qualité inférieure. La demande pour l'article fin et cher est très petite parmi les indigènes. A part la porcelaine impériale, King-têh-chên n'est plus qu'une grande fabrique de commodités de ménage bon marché. On ne trouve plus les glorieux chefs-d'œuvre d'autrefois, car les poteries ne sont là que pour suppléer à la demande énorme d'ustensiles et d'ornements à bas prix. Ces objets peuvent être pleins de défauts et manquer de poli, de style, de décoration et de couleur, mais ils ont les qualités pratiques de dureté, de solidité et d'utilité.

Les procédés de la fabrication n'ont pas changé depuis le temps du Père d'Entrecolles. Les matériaux en usage sont deux espèces de terre : l'une, pai-tun-tzu — un quartz dur, blanc et fusible ; l'autre, le kao-ling — décomposé de feldspath de granit. Ces éléments ne sont pas des produits

(1) Lettres du Père d'Entrecolles en 1712 et 1722, publiées dans les *Lettres édifiantes et curieuses*.

(2)
Bird-like fly, and flying sing
To flowery-kingdoms of Cathay.
And bird-like poise on balanced wing
Above the town of King-teh-ching.
A burning town or seeming so.
Three thousand furnaces that glow
Incessantly, and fill the air
With smoke uprising, gyre on gyre.
And painted by the lurid glare
Of jets and flashes of red fire.
LONGFELLOW. — *Keramos.*

de King-tê-tchen mais proviennent d'autres endroits du Kiangsi et du Anhui. De temps à autre, on a essayé d'autres matériaux parmi lesquels la stéatite fut le principal. Le vernis est obtenu en mélangeant les cendres d'une fougère qui pousse aux environs de la ville, avec du pai-tun-tzu, formant ainsi un silicate de silex et d'alcali. Le manque de développement et de progrès dans la peinture et la décoration de la porcelaine peut être presque entièrement attribué au peu de cas que l'on fait des artistes et des artisans en Chine. Dans les poteries, ils sont traités comme des journaliers ordinaires. Chaque homme s'occupe d'un petit détail de la décoration, e. g. l'un fait les cercles, l'autre peint les fleurs, pendant qu'un troisième dessine les animaux. Non seulement chaque ouvrier fait un dessin stéréotypé, mais il est toujours guidé par un modèle stéréotypé. Les résultats sont exempts d'individualité et le développement est ainsi entravé.

Il est difficile de savoir au juste le rendement annuel des poteries de King-tê-chen. D'après les autorités chinoises, la production totale d'une bonne année, de nos jours, atteint une valeur de trois millions de taels ou presque douze millions de francs. Dans les temps de prospérité passés, cette valeur atteignait parfois cinq millions. En 1898, quarante-huit mille piculs de porcelaine, représentant une valeur de deux millions de francs, furent expédiés de Kiukiang dans des bateaux de commerce européens. Donc, à peu près un sixième du commerce se fit par l'intermédiaire du « Treaty Port ». Le reste va dans les ports de la côte en bateaux indigènes. Il paraît que des jonques, pleines de pétrole, vont de Shanghai à King-tê-chen et s'en retournent chargées de porcelaine. Vu que peu de passagers chinois s'embarquent sans emporter quelques pièces de porcelaine dans leurs bagages, probablement pour vendre en d'autres endroits en détail et avec profit, les rapports de la douane ne représentent pas la quantité exacte de porcelaine expédiée par les steamers.

Ci-dessous les figures d'exportation à Kiukiang par les bateaux de type européen pendant les dix dernières années.

Année	Fine.	Commune.	Valeur.	Valeur.
	Piculs.	Piculs.	Taels.	Francs.
1889	15,685	8,467	144,085	444,932
1890	16,409	10,377	130,067	507,261
1891	15,957	10,256	127,609	497,675
1892	11,609	20,602	155,650	607,035
1893	12,582	21,011	163,938	639,358
1894	16,367	22,622	204,087	795,939
1895	11,777	22,848	201,426	785,561
1896	15,525	30,790	386,870	1,508,793
1897	16,722	32,552	445,100	1,735,890
1898	18,203	30,443	510,326	1,990,271

Magasin d'Antiquites Yung Chen Chai de Pékin

Vases en porcelaine :

1-2 2 Blancs, dessins variés. Chien Lung Yu Yao.
3 1 — fleurs variées. Règne de Kang-hsi.

Nos du port.

4 1 Blanc, fleurs variées et oiseaux. Règne de Khang-hsi.
5 1 Vert, avec dragon en relief. Chien Lung Yu Yao.
6-7 2 Vert pâle, unis à double poignée. Yung Cheng YuYao.
8 1 Blanc uni, avec dragon rouge aux bords. Yung Cheng Yü Yao.
9 1 Vieux pourpre, uni. Dynastie Sung Chun Yao.
10 1 Jaune clair, à fleurs de coul. div. Chien Lung Yu Yao.
11 1 Blanc, animal rouge et arbre. Règne de Yung Cheng.
12 1 — forme de courge, fleurs bleues et dragon rouge. Chien Lung Yü Yao.
13 1 Forme de grenade, rouge sombre, uni. Chien Lung Yü Yao.
14 1 Blanc, fleurs, oiseaux couleurs diverses Règne Kang hsi.
15 1 Blanc, fleurs bleues et lion rouge. Chien Lung Yu Yao.
16 1 — dragon de couleurs variées. Dynastie Ming.
17 1 Vert pâle, centre craquelé en relief. Yung Cheng Yü Yao.
18 1 Blanc, dragon rouge et fleur de prunier. Yung Cheng Yü Yao.
19 1 Petit vase en porcelaine, sang de bœuf. Dynastie Ming Lung Yao.
20 1 Petit vase en porcelaine, blanc, lis rouge. Chien Lung Yü Yao.
21 1 Plat en porcelaine avec anse, pourpre, uni. Dynastie Sung. Chün Yao.
22 1 Vase en porcelaine, fond carré, bleu ciel, uni. Chien Lung Yu Yao.
23 1 Petit vase en porcelaine, pourpre uni. Chien Lung
Vases en porcelaine :
24 1 Bord bec de canard, bleu uni. Dyn. Ming. Kuang Y[illegible]
25 1 Blanc (fleurs bleues), forme de courge. Dynastie Ming Chia Ching.
26 1 Gris, uni, dessins taillés, dessus rond. Sung Ke Y[illegible]
27 1 Gris pâle, uni, hexagone. Chien Lung Yu Yao.
28 1 Plat en porcelaine, forme feuille de lis, avec deux fl[illegible] de lis de trois couleurs. Règne de Kang-hsi
29 1 Brûleur d'encens, en porcelaine, blanc, dessins [illegible] Chia Ching Yü Yao.
30-31 2 Vases carrés, en porcelaine, blancs, dessins div[illegible] Ming Cheng Hua Yü Yao.
32 1 Coupe en porcelaine craquelée, blanche, fleurs bleu[illegible] Règne Chien Lung.
33 1 Pot à thé en porcelaine, bleu de ciel, uni. Dyna[illegible] Ming. Kuang Yao.

34 1 Coupe en porcelaine, fleurs de couleurs variées. Règne de Kang-hsi.

35 1 Grosse coupe en porcelaine, rouge et dessins blancs de [illegible]. Règne Yung Cheng.

Vases en porcelaine :

36 1 Blanc d'ivoire, uni, avec dessins de dragon au-dessus. Ming [illegible] Yao.

37-38 2 Bleus, dessins dorés. Chien Lung Yu Yao.

39 1 Gros [illegible]. Yung Cheng Yu Yao.

40 1 Plat, rond. Yung Cheng Yu Yao.

41 1 Vase [illegible]. Chien Lung Yu Yao.

42 1 Plat en porcelaine, forme de pêche, avec une coupe de [illegible]. Chien Lung Yu Yao.

Vases en porcelaine :

43 1 Sang de bœuf. Kang-hsi Lung Yao.

44 1 Sang de bœuf. Ming Lung Yao.

45 1 Blanc, couleurs variées. Yung Cheng Yu Yao.

46 1 Large, dessins variés. Règne de Kang-hsi.

47 1 Blanc, fleurs bleues de 5 couleurs. Règne de Kang-hsi.

48 1 Large, bleu, fleurs dorées de 5 couleurs. — —

49-50 2 Fleurs de couleurs diverses avec ruban bleu. Chien Lung Yu Yao.

51 1 Animal bleu et arbre craquelé. Yung Cheng.

52 1 Blanc, dessins variés. Règne de Kang-hsi.

53 1 Blanc, 4 dessins de femmes. Règne de Kang-hsi.

54-56 3 Blancs, dessins variés — —

57 1 — — de fleurs — —

58-59 2 [illegible] en porcelaine, blancs à fleurs variées.

60 1 Pot à fleurs en porcelaine, rond, blanc, couleurs diverses et dessins de fleurs. Kang-hsi.

Vases en porcelaine :

61 1 Bleu. Règne Kang-hsi.

62 1 Blanc, dessins bleus de 4 nuances. Règne Kang-hsi.

63-64 2 — animal — de [illegible] — — —

65 1 — fleurs bleues de [illegible] — — —

66 1 Vase pour mur, fleurs de nuances variées. Règne de Yung Cheng.

67 1 Vase pour mur, fleurs et dragons en panneaux. Chien Lung Yu Yao.

Vases en porcelaine :

68 1 [illegible] plat, blanc, dessins bleus. Dynastie Ming.

69 1 Blanc, dessins bleus. Ming Cheng Hua.

N° du port.		
70-71	1	Blanc, fleurs bleues. Règne Kang-hsi.
72-73	2	Jarres, avec couvercle, blanches, 3 lions bleus. Règne de Kang-hsi.

Vases en porcelaine :

74	1	Blanc, fleurs et oiseaux variés. Règne de Yung Cheng
75	1	— dessins, coul. polies var. — —
76	1	— dragon doré, — —
77	1	— — à couleurs variées. Règne de Kang-hsi
78	1	— fleurs variées, — —
79	1	— — — Dynastie Ming.
80-81	2	Jarres avec couvercle, dessins variés. Dynastie Ming.

Vases en porcelaine :

82	1	Large à 2 anses, gris et blanc, dragon rouge et rose. Chien Lung Yü Yao.
83	1	A 2 anses, blanc, fleurs variées. Chien Lung Yu Yao.
84	1	En trois couleurs, prunier et oiseaux.
85	1	Blanc, dessins bleus. Kang-hsi
86	1	— animal — —
87	1	— fleurs — Yung Cheng.
88	1	Jarre en porcel., bleu et blanc, aubépine. Kang-hsi
89	1	— — avec couv., — — —

Vases en porcelaine :

90	1	Blanc, fleurs en bas-reliefs. Dynastie Sung Ting Yao.
91-92	2	Blancs, fleurs en relief, postérieur à Ting Yao. Chien Lung.
93	1	Vert olive uni. Chien Lung.
94	1	Vert foncé, fleurs en relief. Yung Cheng.
95	1	Jarre à vin, verte, unie. Dynastie Ming Lung Yao.
96	1	Vase en porcelaine, vert, uni. Dyn. —
97	1	Jarre à vin, large, verte, unie. — —
98	1	— jaune. — —
99	1	Vase en porcelaine, paon vert, dessins en bas-relief. Chien Lung.
100	1	Vase en porcelaine, paon vert, uni. Chien Lung.
101	1	— — vert pâle, uni, avec dragon, col et cou rond. Yung Cheng Yu Yao.
102	1	Vase en porcelaine pour mur, forme de courge, jaune. Yung Cheng.
103	1	Vase en porcelaine, rouge corail, uni. Yung Cheng.
104	1	— — blanc et rose, paysages et dessins. Chien Lung.
105	1	— — petit, blanc, couleurs variées. Kang-hsi.
106	1	— — à anses, jaune, fleurs bleues. Chien Lung.

Numéros

107 1 Plat à poisson à 3 pieds, pourpre à l'extérieur, vert pâle à l'intérieur. Sung Chun Yao.

108 1 Plat large, sang de bœuf. Ming Lung Yao.

109 1 Vase en porcelaine, pourpre et bleu, pommelé au cou. Chien-Lung Yu Yao.

110 1 Jarre en porcelaine à 4 anses, gris de paon. Ming-ching-hua Yu Yao.

111 1 Brûleur d'encens en porcelaine, avec couvercle, couleur bronze ancien. Chien Lung Yu Yao.

112-113 2 Vases en porcelaine, corail, uni. Yung Cheng.

114 1 Vase en porcelaine, rose, uni. Chien Lung.

115 1 — — plat rond, vert, uni. Chien Lung Yu Yao.

116 1 — — jaune, dessins variés. Kang-hsi.

117-118 2 Vases pour mur, dessins variés. Chien Lung Yü Yao.

119 1 Vase en porcelaine, plat rond, couleur tabac, uni. Yung Cheng.

120 1 Jarre à eau en porcelaine blanche et fleurs rouges. Kang-hsi Yu Yao.

121 1 Vase en porcel., blanc, buffle bleu et arbre. Chien Lung

122 1 — — vert pois et eau rouge, uni. Ming Hsuan Té.

123 1 Cruche à eau en porcelaine, 2 anses, 3 pieds, grise, unie. Chien Lung Ké Yao.

124 1 Vase en porcelaine, petit, rouge, uni. Yung Cheng Yu Yao.

125 1 — — large, blanc, bleu gris et dragon rouge. Chien Lung Yu Yao.

126 1 — blanc, dragon rouge. Kang-hsi.

127 1 — — fleurs variées et oiseaux. Kang-hsi.

128 1 — — jaune, uni. Yung Cheng.

129 1 — — rouge, uni. Yung Cheng Hsian Yao.

130 1 Trépied de brûleur d'encens, bleu, Dynastie Yuan.

131 1 Vase en porcelaine, blanc, cigogne bleue et sapin. Chien Lung.

132 1 — — uni. Yung Cheng Yu Yao.

133 1 Brûleur d'encens et vache, couleur bronze, dessins. Chien Lung.

134 1 Petit vase en porcel., blanc, dessins bleus. Chien Lung.

135 1 — — — vert, coul. diverses. Chien Lung Yu Yao.

136 1 — — — rouge foncé uni. Yung Cheng.

137 1 — — — blanc et bleu, dessin craquelé. Chien Lung.

138 1 Jarre à vin, blanche, dessins en relief. Chien Lung Ting Yao.

139 1 Petit vase en porcel., bleu, uni. Yung Cheng Yu Yao.

N° du port.

140 1 Petit vase en porcelaine rouge, uni. Yung Cheng.

141-142 2 Jarres en porcelaine avec couvercles, dessins de couleurs variées. Chien Lung Yu Yao.

143 1 Vase en porcelaine, long, gris, uni. Yung Cheng Ko Yao.

144-145 2 Petites cruches à eau, fleurs blanches et bleues. Yung Cheng Yu Yao.

146 1 Jarre en porcelaine, brune, rouge, unie. Yung Cheng.

147 1 — — pourpre foncé, dessins en bas reliefs, cou bleu. Yung Cheng.

148 1 — — forme grenade, grise, unie. Yung Cheng Ko Yao.

Vases en porcelaine :

149 1 Blanc, modèle de muguet. Chien Lung Yu Yao.

150 1 Pourpre, fleurs à couleurs variées. Chia Cheng Yu Yao.

151 1 Carré, bleu, à fleurs et à dessins variés. Chien Lung.

152 1 Gris, uni. Chien Lung Ko Yao.

153 1 Vase en poterie, couleur bronze foncé, dessin Dyn Han.

154 1 — en porcelaine, vert marin, uni. Yung Cheng Yu Yao.

155 1 — vert et dessin. Ming Lung Chuan Yao.

156-157 2 Bols en porcelaine, rouges, à dessins variés. Kang-hsi Yu Yao.

158-159 2 Bocaux à poissons, unis, du bois, cercles. Yung Cheng.

160 1 Bol à poissons, blanc, fleurs bleues et rouges. Kang-hsi.

161 1 Pot à fleurs en porcelaine, bleu, dessins anciens.

162 1 Brûleur d'encens en porcel., rouge, uni. Ming Hsuan...

163 1 Jarre à eau en porcelaine, unie. Chien Lung Yu Yao.

164 1 Vase en porcelaine, à anses, gris, uni.

165 1 — poignées forme dragon, vert, dessins de trois couleurs. Dynastie Ming.

166 1 Pot à fleurs à 2 anses, blanc et bleu, dessins petits. Chien Lung.

167 1 Double vase en porcelaine, rond, blanc et à dessins variés. Chien Lung.

168 1 Vase en porcelaine, blanc, dragons bleus et non tigrés. Kang-hsi.

169 1 Dessin de Buddha en porcelaine. Yung Cheng.

170 1 Vase en porcelaine, à plusieurs panneaux, peint couleurs différentes. Kang-hsi.

171 1 Vase en porcelaine blanc, couleurs variées. Kang-hsi.

172-173 2 Jarres en porcelaine, avec couvercles, blanches, fleurs variées. Kang-hsi.

174-175 2 Jarres en porcelaine, blanches, fleurs variées. Kang-hsi.

176 1 Vase en porcelaine, avec roses, blanc, fleurs variées. Kang-hsi.

177	1	Vase en porcelaine, carré, bords jaunes ainsi que couvercle, blanc de deux côtés et deux côtés verts et à dessins. Kang-hsi.
178	1	Brûleur d'encens, noir, dragons de trois couleurs. Kang-hsi.
179	1	Jarre en porcelaine, anses en forme de dragons, verte, unie. Sung Yu Yao.
180	1	Petit vase en porcelaine, rouge, Kang-hsi Lang Yao.
		Vases en porcelaine :
181	1	Blanc, dessin de dragon. Yung Cheng.
182	1	Blanc et bleu, dragon et dessin. Kang-hsi.
183	1	Sang de bœuf. Kang-hsi Lang Yao.
184	4	A anses, large, dessins blancs et bleus. Chien Lung Yu Yao.
185	1	Large, vert pois, dessins. Chien Lung Yü Yao.
186	1	Plat en porcelaine, à 5 pieds, petit, vert pois, dessins. Chien Lung.
		Vases en porcelaine :
187	1	Cleu, uni. Chien Lung Yu Yao.
188	1	Jaune, dragon bleu et fleurs. Chien Lung Yu Yao.
189	1	Large, blanc, dessins variés. Kang-hsi.
190	1	Vert pois, à panneaux, fleurs et oiseaux et inscription chinoise écrite par l'empereur Chien Lung.
191	1	Petit vase en porcelaine, blanc, fleurs variées et oiseaux. Chien Lung Yu Yao.
192	1	Jarre en porcelaine, petite, bleu ciel, unie. Yung Cheng.
193	1	Vase en poterie (forme courge), gris. Ming Kuang Yao.
194	1	— en porcel., jaune clair, teintes variées. Yung Cheng.
195	1	Jarre à eau en porcelaine, petite, dessins en relief. Kang-hsi Yu Yao.
196	1	Boîte en porcelaine (pour sceaux) et couvercle, blanche, figures diverses. Dynastie Ming.
197	1	Petit vase en porcelaine, blanc, uni. Kang-hsi Yu Yao.
198	1	Vase en porcelaine, blanc, forme de courge, dessins variés. Yung Cheng.
199	1	Bol en porcelaine, rose, dessins variés, à panneaux. Chien Lung Yu Yao.
200-203	4	Bols en porcelaine, blancs, fleurs variées. Yung Cheng Yu Yao.
204-205	2	Plats en porcelaine, blancs, dessins variés. Kang-hsi.
206	1	Plat en porcelaine, blanc, paysage varié. Kang-hsi.
207-209	3	— — vert, dessins — —

N° du port.

210 2 Plats en porcelaine, larges, jaune, dessins variés. Chien Lung Yü Yao.

211-212 2 Plats en porcelaine, blancs, dessins variés. Kang-hsi.

213 1 Nuage de couleurs diverses. Yung Cheng.

214 1 Table en porcelaine, hexagone, verte, dessins variés. Kang-hsi.

215 1 Vase en porcelaine, jaune, fleurs bleues. Kang-hsi.

216 1 — — rouge, uni. Ming Hsuan Tê.

217 1 — — bleu foncé, uni. Chien Lung Yu Yao.

218 1 Bol en porcelaine, blanc, dessins variés. Kang-hsi.

219 1 — — — rouges.

220-221 2 Plateaux en porcelaine, blancs, fleurs variées. Chien Lung Yu Yao.

222 1 Brûleur d'encens, en porcelaine, bleu ciel, fleurs dorées. Chien Lung.

223 1 Plat en porcelaine, petit, rose, uni, blanc à l'intérieur. Yung Cheng Yu Yao.

224-225 2 Plats en porcelaine, petits, rose clair, unis, blancs à l'intérieur. Yung Cheng Yu Yao.

226-227 2 Plats en porcelaine, noirs, couleurs variées, jaunes au centre. Yung Cheng Yu Yao.

228 1 Coupe en porcelaine, rose, fleurs à l'intérieur. Kang-hsi.

229-230 2 Bols en porcelaine, jaunes, unis. Yung Cheng Yu Yao.

231 1 — — rouge, fleurs variées. —

232-233 2 Plats en porcelaine, larges, jaunes, dragon bleu. Ming Chia Ching.

238-239 2 Coupes en porcelaine, bleues, fleurs blanches. Kang-hsi.

249 1 Plat en porcelaine, gris. Ming Hsuan Tê.

250 1 Jarre à vin en porcelaine, large, bleue, dragons variés en relief. Dynastie Ming.

251-252 2 Vases en porcelaine, blancs et bleus, fleurs de lotus. Kang-hsi.

253 1 Vase en porcelaine, blanc, dessins bleus de cinq nuances. Kang-hsi.

254 1 Vase en porcelaine, blanc, dessins bleu clair. Kang-hsi.

318 1 — — vert pois, dragon doré et fleurs. Chien Lung.

425 1 — — blanc, fleurs en reliefs. Chien Lung Ting Yao.

426 1 Jarre en porcelaine, avec couvercle, blanche et bleue, fleurs. Yung Cheng.

427 1 Vase en porcelaine, aubépine à couleurs variées. Chien Lung.

428-429 2 Jarres en porcelaine avec couvercles, larges, bleues et blanches, aubépine. Kang-hsi

430	1	Vase en porcelaine, avec anses, fleurs variées, Chien Lung.
431	1	Vase en porcelaine, blanc, dragon en or. Yung Cheng.
432	1	— — vert, imitation émail. Chien Lung.
433	1	— — blanc, fleurs en relief. Chia Ching.
434	1	— — — rouges, claires. Kang-hsi.
435	1	— — dessins. Kang-hsi.
436	1	— — ocre dessins. Chien Lung.
437	1	— — Blanc, fleurs à couleurs variées, Kang-hsi.
438	1	Vase en porcelaine, blanc et bleu, muguets. Kang-hsi.
439-440	2	— couleur bronze, dessins en relief Chien Lung.

Gouvernement Chinois. — Chungking.

34-38	5	Théières en poterie.

Gouvernement Chinois. — Kiukiang.

13	8	Assortiment de vases de différentes formes et couleurs dont on se sert aux fêtes et aux sacrifices pour mettre les graines cuites, les liqueurs, etc.
14	1	Plat, large, tigre et dragon sur fond bleu.
15	1	— — chauves-souris rouges et nuages.
16	1	— dragon, phénix et fleurs.
17	1	Vase, prunier fleuri, sans feuilles.
18	1	— pêches sur élévation.
19	2	Carafes, larges, dragons, perles et nuages.
20	2	Bassins à poissons.
21	1	Vase, dragons, perles et nuages.
22	2	— en forme de poire, couleur de foie.
23	1	— en deux pièces, bouche forme de trompette, milieu bombé, reposant sur un support en forme de cloche.
24-25	4	Pots à fleurs, petits, en forme de guitare.
26-27	4	— — dessin européen.
28	10	Tasses à thé en forme de cloche dans une boîte.
29	1	Vase rectangulaire, avec dragons au milieu.
30	1	Bassin en forme de cloche avec chauve-souris et nuages.
31	2	Vases avec chauves-souris sur fond blanc.
32	2	Jarres, bombées, avec couvercles, anses à têtes de lions.
33-34	2	Boîtes à gâteaux, dragons et nuages.
35	2	Vases cannelés.
36	2	Lampes en trois pièces, à verre ove et centre bombé, soucoupe et supports.

N° du port.		
37	2	Pots à fleurs en forme de bouteille, vue de la cite de Nanchang.
38	2	Théières en forme de cloche, avec fleurs et oiseaux.
39	1	Pot à fleurs, conique, couleur sang de pigeon.
40	2	Gobelets en forme de calice à coupe bombée.
41	2	Jarres, avec couvercles, fleurs de lotus et canards.
42	4	Assiettes à dessert avec bol demi-sphérique sur support cylindrique étalé.
43	1	Carafe, oiseaux et fleurs dorés sur fond bleu.
44	1	Vase cylindrique, Shou en or sur fond bleu.
45	1	— en forme de bouteille, dragon et phénix.
46	1	— cylindrique dessins en noir relevés, et prunier.
47	2	— — forme de bouteille, or et bleu, dragon et phénix.
48	2	Jarres en forme de poire avec couv. à bords ondulés.
49	1	Bol, large, pivoines bleues et blanches.
50	1	Vase cylindrique dragon et fleurs.
51	2	Carafes, dragon et phénix
52	1	Vase en forme de poire, rose.
53	1	Plat à dessert percé, modele européen, blanc et or.
54	2	Théières carrées à bords étroits.
55	10	Tasses à thé en forme de cloche, dragons et nuages bleus
56	10	— — — — papillons.
57	10	— — cylindriques, fleurs.
58	1	Vase, forme de poire, animaux, oiseaux et arbres en o
59	2	Porte chapeaux, bleu et or.
60	2	Vases en forme de poire, bleu et or.
61	7	Plateaux à bonbons, dessin rebus, fleurs.
62	2	Bonbonnieres rondes, — Sauvastika — sur les côtes.
63	2	— — bleus et jaunes.
64	2	Plats, larges, dragons et nuages.
65	1	Vase, dessin représentant des algues sur le goulot.

Cheng Taotai. — Kiukiang

66	2	Vases, bleu et or.
67	2	— rectangulaires, diagrammes.
68	2	— forme de bouteilles
69	2	— rectangulaires.
70	2	Plats, dragon rouge sur fond blanc.
71	2	— fleurs vertes et symboles bouddhistes.
72	2	— bleu et blanc avec caracteres heureux.
73	4	— — — — phénix et dragons.
74	4	— fleurs variées sur fond blanc.
75	2	— — vertes et symboles bouddhistes.

76 4 Pots à [illegible] de prune, bords blancs.
77 2 — [illegible], dragons et nuages.
78 4 — [illegible] bleus.
79 4 — dragons verts sur fond blanc.
80 4 — [illegible] bleus
81 4 — paysages en bleu sur fond blanc.
82 4 — fruits et bambous colorés sur fond blanc.
83 4 Bols en forme de cloche, canards coloriés et lis.
84 3 — — pivoines pourpres sur fond brique rouge.
85 4 Tasses à thé avec couvercles, médaillon de Ju-i sur fond rouge.
86 2 Porte-chapeaux, rouge et or, dragons et nuages.
87 2 Bols, phénix et fleurs sur fond blanc.
88 4 — fleurs bleues en dedans, coloriées au dehors.
89 4 — — lis à l'extérieur.
90 4 symboles bouddhistes sur fond blanc.
91 4 phénix pourpres sur fond blanc.
92 4 dragons verts sur fond jaune.
93 4 — fleurs bleues sur fond blanc.
94 4 bleu à l'extérieur, blanc à l'intérieur.
95 4 fleurs bleues sur fond blanc.
96 4 extérieur pourpre et intérieur blanc.
97 4 dragons et phénix sur fond blanc.
98 9 jaune, dragons en relief.
99 4 — symbole bouddhiste.
100 4 bambous blancs sur fond rouge.
101 4 — couleur café au lait.
102 4 — fleurs bleues sur fond blanc.
103 4 dragons bleus à l'extérieur, blancs à l'intérieur.
104 4 Tasses à thé en forme de cloche, jaunes à l'extérieur, blanches à l'intérieur.
105 5 Assiettes, symboles des huit immortels sur les bords.
106 3 Figures symboliques de bonheur, richesse et longévité.
107 1 *Kwan-yin*, déesse miséricordieuse.
108 2 *Chiu Tien*, déesse du neuvième ciel.
109-110 6 — *Lo Han*, disciple de Bouddha.
111 1 Théière cylindrique, femme étudiant, poésie chinoise.
112 1 — oblongue, à double bec, tig., fleurs, poésie.
113 1 — à sommet étroit, figures féminines.
114 1 — carrée, bleue et blanche, modèle de pétale percé à jour.

Nos du port.		
115	1	Théière, ronde, bleue et blanche, modèle de pétale percé à jour.
116	1	Théière, rouge, roseaux dorés, poésie.
117	1	— dragons coloriés et nuages.
118	1	— en forme de cloche, figures, poésie.
119	1	— — de livre fermé à l'envers
120	1	— ronde, blanche, paysage doré.
121	1	— dragons, nuages et vagues.
122	1	Réchaud à vin, hexagonal, modèle de pétale demi-percé à jour.
123	2	Pots à vin en forme de poire.
124	1	Boite à bonbons, cylindrique.
125	1	— à vermillon, carrée, imitation de jade.
126	1	— à crayons, cylindrique, couleur crème, dragon, nuages.
127	1	Boîte à crayons, cylindrique, brun léger, buffalo.
128	2	Tasses à thé, larges, avec couvercles, Shou caractères en couleur.
129	2	Jarres, ovées, dragons, rouge et or.
130	2	Boîtes à vermillon, rondes.
131	1	Chapelet, imitation de jade et de perles.
132	10	Cuillers, dragons, rouge et or, fond blanc.
133-136	8	Tabourets de jardin, forme tonneau.
137	2	Pots à fleurs, larges, ronds.
138-139	4	— — ronds, avec soucoupe.
140	2	— — octogonaux, oblongs.
141	2	Encensoirs ronds.
142	2	Porte-parapluies cylindriques.
143	2	Boîtes cylindriques, en quatre compartiments.
144	2	Porte-chapeaux cylindriques, bleu-blanc.
145	2	Jarres à bonbons, ovées, fleurs et dragons.
146	1	Lampe, bleue et blanche, construite de façon à empêcher les rats de boire l'huile.
147	2	Oreillers, forme de selle, fleurs et oiseaux.
148	2	— — de brique, fleurs et fruits.
149	1	Théière carrée, dragons et nuages coloriés.
150	1	— — fleurs noires sur fond blanc.
151	1	— hexagonale, vert pâle, fleurs blanches.
152	1	— — fleurs bleues et or.
153	1	— ronde, figures féminines et poésie.
154	1	— fleurs et caractère de double fortune
155	2	Cuspidores, fleurs coloriées sur fond blanc
156	1	Pot à huile, médaillon, fleurs et fruits.

N° d'ordre

157 1 Service à dîner, 12 pièces, imitation des anciens vases en cuivre.
158 1 Écran, 4 côtés, tuiles encadrées de bois noir.
159-161 3 — — — — de noyer peint en noir.
162 22 Tabatières de formes et couleurs diverses.
163 8 Figures : Les Huit Immortels.
164 1 Table avec plaque centrale en porcelaine.

Gouvernement Chinois. — Soochow.

76-161 86 Théières en poterie.
162 1 Pot pour chauffer du vin.
163 1 — — la soupe.
164 1 — — les graines de nénufar.

Fait de terre rouge ; spécialité de I-Shing, ville à l'Ouest du lac Tai hu.

Gouvernement Chinois. — Foochow.

348 2 Morceaux d'argile pour porcelaine.

Siemssen et Krohn. — Foochow.

359-360 4 Vases.

Gouvernement Chinois. — Amoy.

2 26 Tuiles et carreaux en terre cuite pour pavage.

Gouvernement Chinois. — Swatow.

23 *bis* Modèles d'une manufacture de porcelaine grossière.
24 2 Vases à fleurs, buffles, en —
25-26 2 Récipients à eau. —
27-28 4 Vases à fleurs. —
29-30 8 Vases à fleurs (appliques), —
31 2 Brule-parfums. —
32 1 Jarre à eau, —
33 2 Cruches. —
34 2 Jardinières, —
35-37 4 Figurines. —
38 2 Kiosques. —
39 2 Pagodes. —
40-43 5 Théières, —
44 2 Vases. —
45-46 4 Pots à fleurs. —
47 2 Crachoirs, —
48 6 Pots à opium (1 jeu), —
49 1 Bol avec couvercle, —
50 1 Réchaud à viande, —
51 1 Ustensile de cuisine. —

N° du port.			
52	1	Bouilloire à eau,	en porcelaine grossière.
53	1	Plat à légumes,	—
54	1	Four,	—
55	1	Fourneau,	—
56	1	Tire-lire,	—
57-58	3	Pots à légumes,	—
59	6	Tasses à eau-de-vie de riz,	—
60	6	Cuillers,	—
61	4	Assiettes,	—
62	1	Cruchon à vin,	—
63	1	Vaporisateur à « ginseng »,	—
64-65	2	Bouilloires à eau,	—
66	1	Lampe à huile,	—
67-68	2	Pots à eau-de-vie de riz,	—
69	4	Soucoupes,	—
70	2	Saucières,	—
71	1	Plat à poisson,	—

Faou Loung. — Canton

153	2	Vases gris et or, forme gourde

Po Hing et Cie. — Canton.

238-239	4	Aigles en terre cuite.
240	2	Singes.
241	2	Chiens de mer.
242	2	Éléphants.
243	2	Vases en terre cuite.
244	2	Statuettes — (Prince et princesse du temps des Mi…
245	2	Canards en terre cuite.
246	2	Porte-parapluies en porcelaine.
247	2	Vases en porcelaine, dragon bleu et or.
248	2	— — fond jaune.
249	2	— — figures humaines.
250	2	— arabesques.
251	1	Plateau : Vue de Canton.
252	1	— couleurs variées, bataille.
253	1	— temple de Bouddha.
254	1	— dragon jaune et or.
255	1	Bol à punch.
256	1	— — dragon bleu et or.
257	2	Oreillers en porcelaine.
258-259	4	Crachoirs en terre cuite.

Tack Loong. Canton.

Nos		
260-261	4	Vases craquelé-porcelaine.
262-264	6	— imitation vieux.
265	2	— terre bleue.
266	2	— craquelé.
267-269	6	— — blanc avec figures noires.
270-272	6	— — avec dragon.
273	2	— — avec fleurs bleues (grands).
274-275	4	— — — (petits).
276-278	6	— sang de bœuf —
279-280	4	— — — (grands).
281-282	4	— — — carrés —
283-285	6	— — — carrés, ronds, en forme de bouteille.
286-288	6	— bleus et rouges, octogonaux.
289-290	4	— à fleurs, fond bleu.
291	2	Jarres à sucre, bleu et blanc.
292	2	Vases plats — (grands).
293	2	— — — (petits).
294	2	Globes (pour mettre des poissons). Aquariums.
295	2	— — — bleu et blanc.
296-297	4	— — — fond bleu et dragon blanc.
298	2	Jarres à gingembre, bleu et blanc.
299	2	Porte-parapluies, bleus.
300	2	Vases carrés, bleu et blanc (grands).
301	2	— — — — (petits).
302	2	— imitation ancien.
303-304	4	— bleu et or.
305	2	Porte-parapluies, gris et or, forme bambou.
306	2	Jarres à fruits, avec couvercles.
307	5	Vases, dragon et fleurs, fond jaune.
308	2	— papillons.
309	5	— figures sur fond noir.
310	2	— à fleurs.
311	2	— vert pâle.
312	2	Tigres.
313	2	Lions, bleus.
314	2	Statuettes (paysans).
315	2	— (bouddhas).
316	6	— variées.
317	2	Vases, imitation ancien, dragon bleu avec fleurs.

Gouvernement Chinois. — Pakhoi.

15-16	2	Pots à fleurs, en terre cuite, avec dessins.

N° du port.		
17	2	Soucoupes pour pots à fleurs, en terre cuite, avec dessins.
18-19	2	Jarres avec couvercles — —
20-24	5	Théières — —
25-35	11	Vases — —
36		Bols pour riz, peints — —
37		Cruche à vin, peinte — —

Gouvernement Chinois. — Szemao

86	2	Brocs en faïence, avec couvercles laqués.
87	3	Bols en terre cuite.

CLASSE 73. — *Cristaux, verrerie.*

L'art de la verrerie, fort peu développé en Chine, semble, d'après les historiens chinois, y avoir été importé de l'Inde vers le second siècle de notre ère. Il s'y est si peu perfectionné ou étendu qu'on ne trouve point de ces [illegible] anciens, et aujourd'hui encore la ville de Poshan-hien au Shantung [illegible] être la seule où l'on fabrique le verre de toutes pièces, en fondant, av[illegible] salpêtre, une sorte de grès calcaire qui se trouve dans les montagnes [illegible] environs. En ajoutant dans le creuset de la pyrite de fer, des oxydes de [illegible] de cuivre ou des sels de plomb, on obtient les diverses colorations [illegible] verre est fondu au moyen de la houille, et coulé en barres ou lingots [illegible] exporte ensuite à Pékin à la verrerie impériale, ou à Canton. [illegible] est refondu et fabriqué en mille petits objets qui sont aussi fabriqués [illegible] Shantung. Les poudres dont on se sert à Pékin pour fabriquer les [illegible] dits cloisonnés sortent aussi des verreries de Poshan-hien. A Canton [illegible] Shanghai on refond aussi des verres brisés de provenance étrangère [illegible] ces deux ports quelques verriers ont appris des étrangers l'art de [illegible] le verre ; ils fabriquent des vitres communes, des miroirs, des verres [illegible] des bouteilles, des flacons, etc.

(Extrait du Catalogue de l'Exposition Universelle de Paris, 187[illegible])

Magasin d'Antiquités Yung Chen Chai de Pekin.

N° du port.		
240	1	Vase en vieux verre mahometan, fleurs variées. D[illegible] tie Han.
241	1	Vase en verre, jaune, avec fleurs bleues taillées [illegible] Lung (forme de gourde).
242	1	Vase en verre, large, bleu foncé. Yung Cheng.
243	1	Jarre en verre, fleurs variées. Chien Lung.
		Vases en verre :
244	1	Jaune orange (forme fer à cheval). Chien Lung.
245	1	Octogone, petit, jaune orange, uni. Yung Cheng.
246	1	Rond, jaune clair, uni. Chien Lung.
247-248	2	Gris-pâle, unis. Chien Lung.
255	1	Bouteille en jade blanc, suspendue au socle par chaînes de jade. Chien Lung.

256 1 Vase en jade blanc, ciselé (oiseau et aubépine), Chien Lung.

257 1 Bouteille en jade blanc, avec étui, ciselée, phénix et bambou. Chien Lung.

258 1 Bouteille, avec étui, en jade blanc, dessins ciselés. Chien Lung.

259 1 Ornementation en jade vert-pâle (un petit chat et un grand). Chien Lung.

260 1 Coupe à vin en cornaline (forme feuille de lotus). Chien Lung.

261 1 Bouteille en jade jaune, avec étui, ciselé (feuille de lotus et fleur), Chien Lung.

262-263 2 Socles en jade blanc pour fleurs, ciselés (phenix en bambou et dragon), Chien Lung.

264 1 Bouteille en jade blanc, avec étui, deux anses et anneaux, fleurs ciselées. Chien Lung.

265 1 Socle pour fleurs, en cristal pourpre, ciselé, fleur et pêche, Chien Lung.

266 1 Bassin en jade blanc, deux anses et anneaux, ciselé à l'intérieur, Chien Lung.

267 1 Bouteille en cristal rose, avec étui, ciselée, Chien Lung.

268 1 — — avec étui fleur — —

269 1 Agate rouge et blanche, socle pour fleurs, ciselé, fleur et pêche. Chien Lung.

270 1 Socle à fleurs, cristal blanc, ciselé, pin et daim. Chien Lung.

271 1 Bouteille en cristal blanc, avec étui, ciselé, phénix et fleurs. Chien Lung.

272 1 Étui à fleurs, chrysopase, sur socle en corail, forme d'un chou. Chien Lung.

273 1 Étui à fleurs, cristal pourpre, mousserons ciselés. Chien Lung.

274 1 Pot à fleurs chrysopase, ciselé, Chien Lung.

275 1 Bouteille plate, en cristal, avec fermeture, 2 anses et anneaux. Chien Lung.

276 1 Bouteille ronde, en cristal ciselé (large). Chien Lung.

277 1 — car. chrysopase, avec fermet., cisel. —

278 1 Jarre en agate rouge, petite, forme de fleur de lis. Chien Lung.

279 1 — en gomme copal, petite, ciselée. Chien Lung.

280 1 Socle pour fleurs, lapis-lazuli, — —

281 1 Jarre en jade vert ciselé, forme de pêche. —

282 1 — — blanc, pot à fleurs, petite, taillée, —

N° du port.

283 1 Brûleur d'encens, vert, avec couvercle, petit, ouvragé. Chien Lung.

284 1 Boite en jade vert, petite, sculptée. Chien Lung.

285 1 Jarre en agate, blanche et rouge, forme de fleur de lotus. Chien Lung.

286 1 Pot à fleurs en cristal, bleu, forme de chou. Chien Lung

287 1 Jarre à eau, en ambre, petite, dragon sculpté. —

288 1 Timbre en jade vert, trois dragons au sommet.

289 1 Vieille cassette étrangère, avec montre au couvercle, contenant divers petits objets.

290 1 Jarre, en agate, avec trois anses en forme de dragon, petite. Chien Lung.

291 1 Pot à fleurs, en jade vert, taillé. Chien [illegible]

292 1 — — en agate jaune, petit, taillé. —

293 1 Ornement en chrysopase, forme de papillon. —

294 1 Coupe en agate jaune, à deux anses taillées. —

295 1 Jarre à eau, en jade vert, fleurs de muguet et [illegible]sins taillés. Chien Lung.

296 1 Soutien pour porte-plume, rouge sang, en agate ciselé : dragon et tigre. Chien Lung.

297 1 Pot à fleurs, en jade vert, forme de bambou. Chien [illegible]

298 1 Flacon plat, en jade blanc, avec étui. —

299 1 Boite à priser, en jade blanc, petite, taillée.

300 1 Bol en jade blanc, et couvercle, forme d'un [illegible] Chien Lung.

301 1 Ornement en jade blanc, crapeau à trois pattes [illegible] Lung.

302 1 Bol en cristal, uni. Chien Lung.

303 1 Double jarre à eau, en cristal, en forme de deux [illegible] Chien Lung.

304 1 Jarre en cristal pour l'eau, avec couvercle, [illegible] et rouleau. Chien Lung.

305 1 Pot à fleurs en agate jaune, pêche et fleurs. Chien [illegible]

306 1 Bouteille en jade vert, taillée, phénix. —

307 1 — — — et couvercle, dragon.

308 1 Pot à fleurs en jade vert, taillé, fleurs.

309 1 Plat en jade vert, ovale, aux deux bouts têtes de [illegible]gons taillées. Chien Lung.

310 1 Encrier en jade vert avec couvercle, dragons [illegible] Chien Lung.

311 1 Boite à timbre, chrysopase, avec couvercle. Chien [illegible]

312 1 — — cristal, avec couvercle et anses [illegible] Chien Lung.

N° du cat.		
313	1 Bouteille en cristal pur, avec fermeture.	Chien Lung.
314	1 Pot à fleurs, en agate, rouge et blanche, taillée, pêches et fleurs.	Chien Lung.
315	1 Plat en agates variées,	Chien Lung.
316	1 Bouteille en cristal pur, taillé,	—
317	1 Jarre à eau en ambre, —	—

Gouvernement Chinois. — Shanghai.

107 1 Cadre contenant bouteilles-tabatières, bagues, bouquins de pipe, collier et globules de mandarin en verre coloré imitant le jade, l'agate et autres pierres précieuses.

108 1 Cadre contenant bracelets, amulettes, boutons, bouteilles-tabatières, bouquins de pipe, en verre coloré imitant le jade, l'agate et autres pierres précieuses.

109 1 Cadre contenant un assortiment d'épingles à cheveux en verre coloré imitant le jade, l'agate et autres pierres précieuses.

Classe 75. — *Appareils et procédés d'éclairage non électriques.*

Gouvernement Chinois. — Hankow.

N° du cat.				
235-237	6	Chandeliers en cuivre.		
238	4	—	en étain.	
239	2	—	—	pourvus de globes en corne.
240-241	4	Lanternes en corne, ayant la forme d'un globe oblong, transparente comme du verre.		
242	2	Lanternes en fil de fer recouvert de globules de verre multicolores.		
243-244	2	Lampes en fer.		

Gouvernement Chinois. — Shanghai.

110	1	Lampe en cuivre.	
111-112	2	Chandeliers en cuivre.	
113-114	2	—	en métal blanc.

Gouvernement Chinois. — Swatow.

109	1	Lampe à huile,		en étain.
110	1	—	— avec candélabres	—
111	1	—	à moustique	—
112	1	—	à esprit de vin	—

N° du port.		
122	2 Candélabres.	en étain.
126	1 Lampe à huile.	—

Gouvernement Chinois. — Canton

323	3	Lanternes, enveloppes, soie, pour boutiques.
324	2	— — — pour temples.
325	2	— — — pour maisons.
326	2	— — — pour maisons en deuil.
327	2	— — — pour chaises à porteurs.
328	2	Lanternes en verre ordinaire.
329-335	14	— — décoré.

Hou Sam Yaou — Canton.

208	2	Lanternes en bois sculpté.
211	4	Chandeliers en bois sculpté.

TREIZIÈME GROUPE

Fils. — Tissus. — Vêtements.

CLASSE 76. — *Matériel et procédés de la filature et de la corderie.*

Gouvernement Chinois. — Hankow.

N° du port.	
245	Machine en bois pour faire les cordes.
246	Métier pour tisser le velours.
247	Rouet pour filer la soie et le coton.
248	Échafaudage usité dans la fabrication des cordes en bambou.

Gouvernement Chinois. — Soochow.

165	Dévidoir à soie.
166	Rouet à soie.

Gouvernement Chinois. — Ningpo.

Modèles de :

214	Machine employée pour séparer la graine de coton, vieux modèle.
215	Machine employée pour séparer la graine de coton, nouveau modèle.

N° du port.

216 Instrument servant à battre le coton en duvet, avec figure.
217 Bobineuse de coton, —
218 Rouet — —
219 Dévidoir — —
220 Empeseuse — —
221 Appareil servant au nouage du fil, —
222 Métier à tisser.

Gouvernement Chinois. — Swatow.

73 Modèle montrant les procédés de manufacture du « Grasscloth », tissu de fibres végétales.

CLASSE 77. — *Matériel et procédés de la fabrication des tissus.*

Gouvernement Chinois. — Szemao.

91 Métier à tisser « Shan » pour toile ordinaire.
92 — — — avec dessins.

CLASSE 78. — *Matériel et procédés du blanchiment, de la teinture, de l'impression et de l'apprêt des matières textiles à leurs divers états.*

Gouvernement Chinois. — Swatow.

N° du port.

72 Modèle montrant les procédés employés pour la teinture des filets de pêche.

CLASSE 80. — *Fils et tissus de coton.*

Le coton Gossypium herbaceum fut d'abord introduit de l'Inde en Chine vers le neuvième siècle de notre ère; puis une autre importation de cette plante eut lieu quelques siècles plus tard des contrées de l'Asie centrale. Les environs de Shanghai devinrent, dès l'an 1300, un des grands centres de production du coton. Aujourd'hui il est cultivé dans presque toutes les provinces de l'empire. C'est la province du Kiangsu qui fournit la plus grande quantité de coton. Canton et les autres ports du Sud importent les cotons de l'Inde et de la Cochinchine. Les provinces du Nord consomment leur propre coton. A Chinkiang, on sème le coton en mars ou avril dans un sol préalablement fumé avec des cendres de végétaux. On sarcle et arrose souvent et on récolte en octobre ou novembre.

(Extrait du Catalogue de l'Exposition Universelle de Paris, 1878.)

Gouvernement Chinois. — Hankow.

N° du port.

249-275 27 Pièces cotonnade dite « Nankin », de nuances variées.
276 1 Pièce toile blanchie, produit de la filature du Hou-pé, à Outchang.

N° du port.

277-279 3 Pièces toiles grises, produit de la filature du Hou-pé, à Outchang.

280-281 2 Couvertures de coton.

284 1 Pièce cotonnade huilée.

285-288 104 Échantillons de rubans de coton.

289 Fil de coton.

290 — produit de la filature du Hou-pé, à Outchang.

Gouvernement Chinois. — Shanghai.

115-116 Coton blanc et jaune préparé.

117 — préparé en mèches pour rouet à filer.

118-119 Fil de coton blanc et jaune, filé à la main.

120-121 — — — préparé à la gomme, pour le tissage des étoffes dites « Nankin ».

122 Couverture de coton.

123-124 Toile grise « Drill » et « Sheeting ».

(Produits de la filature de coton dite « Hua Sheng Cheong Cotton Cloth and Yarn Company », de Sanghai.)

125-126 Fils de coton.

127 Cordonnets de coton, nuances variées.

128 *a* Ficelle —

128 *b* Corde —

129 Rubans — nuances variées.

130-132 3 Pièces toile grise « Sheeting ».

133 Fils de coton.

(Les n°s 130 à 133 sont des produits de la filature de coton dite « Chinese New Cotton Spinning and Weaving Mill », de Shanghai.)

134-145 12 Pièces cotonnade façonnée, dite « Nankin », nuances var.

146-161 16 — — unie — —

162-174 13 — — de fantaisie — —

175 1 — — écrue, dite « Nankin », faite avec coton blanc, filé à la main.

176 1 Pièce cotonnade écrue, dite « Nankin », faite avec coton jaune, filé à la main.

177-187 11 Pièces cotonnade lustrée, dite « Nankin », nuances var.

188-209 22 — — unie —

210-213 4 — grosse cotonnade — —

214-220 7 — — — — blanc sur fond bleu.

221 1 — — — — bleu — blanc.

222-223 2 — serviettes de coton, dessins — —

224-225 2 — — — — blanc — bleu.

226 1 — — — bleue.

227-232 6 — — — blanches.

Gouvernement Chinois. — Soochow.

Nos.

167-169 Fil de coton, nos 12, 14, 16, produit de la filature « Soo Lung », de Soochow.

Gouvernement Chinois. — Kiungchow

15 Couverture de coton de lit nuptial des aborigènes « Li ».

Gouvernement Chinois. — Mengtsz.

18 1 Pièce cotonnade blanche et bleue.
19-21 3 Pièces — blanches.
22-23 26 Serviettes de coton.

Gouvernement Chinois. — Szemao.

95 Toile de coton unie.
96 — — teinte.
97 — — à raies.
98 — — à carreaux.
99 — — blanche.
100 — — bleue.
101 — — de fantaisie.
102 — — façonnée, faite par les « Shans » noirs.
103 Couvre-lit en toile — — « Kawa » sauvages.
104 Serviettes de coton.

Classe 81. — *Fils et tissus de lin, de chanvre, etc. — Produits de la corderie.*

Le lin, *Linum usitatissimum*, n'est point une plante chinoise; il fut importé de l'étranger à une époque reculée, et il n'est point cultivé comme plante textile. Dans les provinces du Nord, il est remplacé par le chanvre, *Cannabis sativa* et *C. sinensis*, dont on fait spécialement des cordes, et par le *Sida tiliæfolia*. Dans la Chine Centrale, particulièrement dans le Fukien et le Chekiang, le *Corchorus capsularis* fournit la fibre appelée jute. Enfin les provinces du Sud fournissent, sous le nom anglais de « grasscloth », une étoffe dont la qualité fine, ressemblant à de la soie blanche, a une grande vogue. On n'est pas encore d'accord sur la plante qui fournit la matière textile dite « grasscloth »; ce qui est le plus probable, c'est que plusieurs plantes sont employées. Dans les temps antiques, le *Pachyrhizus Dolichos trilobus*, qui était dans toute la Chine à l'état sauvage, était employé au Shantung à la fabrication d'une étoffe fine qu'on envoyait en tribut à l'empereur. Cette même étoffe est encore fabriquée à Hankow et à Kiukiang, et prend aussi le nom de grasscloth. C'est à Canton que se fabrique la plus belle qualité, que l'on peut comparer à une fine batiste. La plante la plus employée dans cette ville est une sorte d'ortie connue sous les noms de *Bœhmeria nivea* et d'*Urtica tenacissima*. Elle est si commune dans la province qu'on la trouve croissant abondamment et sans culture sur les murs de la ville. On la trouve aussi à Hankow, Kiukiang et Shanghai. Suivant les notes fournies à la Société d'acclimatation par M. Darby, ancien Consul de France à Hankow, cette plante serait cultivée dans les provinces du Hunan et du Kiangsi sur un sol léger, abrité des vents du Nord. Elle est propagée, non par des graines, mais par des boutures qu'on laisse croître pendant une année. Les tiges, qui ont alors de quatre à cinq pieds de haut, sont brisées à la main par le milieu, et les fibres sont aisément extraites. On les blanchit en les soumettant, dans une chambre fermée, aux vapeurs de soufre, puis on les expose à l'influence de la rosée et des rayons du soleil ; elles sont alors filées et prêtes pour le tissage. Cette plante, commune dans l'Inde et l'Archipel Malais, est maintenant parfaitement acclimatée en Australie. Les bractées fibreuses de plusieurs variétés de palmiers *chamærops excelsa*, *C. Fortunei*, etc., sont aussi employées sous le nom de « coir » pour fabriquer des brosses, cordages, etc.

(*Extrait du Catalogue de l'Exposition Universelle de Paris, 1878.*)

Gouvernement Chinois. — Chungking.

N° du port.

39-44 6 Pièces tissus de fibres végétales dites « Grasscloth ».

Gouvernement Chinois. — Hankow.

291-292 Cordes en bambou. — Les longs éclats de bambou sont tressés à la main, formant une corde variant d'un demi à six pouces de diamètre. On se sert d'un échafaudage de cinquante pieds de haut ; le cordier se tient au sommet, et à mesure que la corde s'allonge elle est enroulée à terre jusqu'à ce qu'elle ait atteint la longueur voulue, qui est quelquefois de trois cents à six cents pieds. On s'en sert spécialement sur les jonques, comme câble, drisse, etc. ; elles sont d'une grande durée.

293-294 Cordes de chanvre.

295 Ficelles —

296-297 Fil —

298 « Coir ». — Ce nom est donné aux bractées fibreuses ou téguments protégeant les bourgeons de plusieurs espèces de palmier, du sommet desquels on les recueille chaque année au printemps. Ces téguments sont si fibreux qu'ils ne nécessitent que peu de préparation. On en fait des cordages, des nattes, des balais et beaucoup d'autres articles.

299 Fibres de palmier.

300 Fil de fibres de palmier.

301 Ficelles de fibres de palmier.

302 Cordes — —

303 Habit — —

(Les fibres sont spécialement arrangées de manière à en faire un imperméable en temps de pluie pour les bateliers).

Gouvernement Chinois. — Kiukiang

N° du port

165-186 22 Pièces tissus de fibres végétales, dites « Grasscloth », plusieurs qualités et couleurs variées.

Gouvernement Chinois. — Shanghai.

233-236 4 Pièces « Grasscloth ».
237 Fil de chanvre.
238 Ficelle de chanvre.
239 Corde —
240 Cordage —
241 Tissu — pour sacs.

Gouvernement Chinois. — Amoy.

4 10 Sacs en chanvre.
5 5 Pièces tissus de chanvre.

Gouvernement Chinois. — Swatow.

74 2 Coussins en tissu dit « Grasscloth », ouvré à jour.
75 1 Tapis de table, blanc — —
76 12 Dessous de rince-bouche, blancs — —
77 1 Tapis de table, bleu pâle — —
78 12 Dessous de rince-bouche, bl. pâle — —
79 1 Nappe à thé avec caract. chinois — —
80 12 Serviettes à thé — — — —
80 a 1 Nappe à thé — —
80 b 12 Serviettes à thé, dessins variés — —
81-83 4 Nappes à thé — — — —
84-86 24 Dessous de rince-bouche, couleurs variées, dits « Grasscloth, ouvrés à jour.

Gouvernement Chinois. — Kiungchow.

13 Fil de fibres du palmier.
14 Corde — —
16 Tissu de chanvre, 3 qualités.
17 — — et coton mélangé, 4 qualités.
18 — fibres végétales dites « Grasscloth », fin, 6 qualités.
19 Tissu de fibres végétales dites « Grasscloth », commun, 4 qualités.

Gouvernement Chinois. — Szemao.

15 Ceinture en fibres de palmier.
105 Toile de chanvre.
106 Filets —

CLASSE 82. — *Fils et tissus de laine.*

Gouvernement Chinois. — Szemao.

N° du port.

16-17 2 Couvertures en feutre.

CLASSE 83 — *Soie et tissus de soie.*

Le ver à soie du mûrier, ***Sericaria mori***, est celui qui fournit l'immense quantité de soie que produit la Chine chaque année. Cependant, il existe en Chine d'autres insectes producteurs de soie que l'on cherche à acclimater en Europe. Ces séricigènes sont le ver à soie du chêne, ***Attacus Pernyi***, et celui de l'ailanthe, ***Attacus Cynthia vera***. Le premier fournit la soie dite Pongée, dont le grand marché d'exportation est Chefoo au Shantung, mais que l'on trouve jusqu'en Mongolie et dans les montagnes du Yunnan et du Kweichow. Cette soie, remarquable par sa solidité et son bon marché, est fort estimée des Chinois et des étrangers pour la confection des vêtements d'été. Malheureusement elle ne peut prendre à la teinture d'autres couleurs que le noir et le gris, et elle possède d'ailleurs une odeur désagréable.

La manufacture de la soie remonte en Chine à une haute antiquité. Une tradition populaire rapporte que ce fut en 1602 avant J.-C. que l'épouse de l'empereur Hwangti découvrit le moyen de dévider les cocons et d'en utiliser le fil. On trouve dans des livres chinois dignes de foi que la culture du mûrier et l'élevage des vers à soie remontent à l'année 780 avant J.-C. D'antiques documents y font souvent allusion, et la sériciculture a toujours joui des faveurs du gouvernement à titre d'industrie nationale. La production de la soie est si considérable que tout Chinois, à moins qu'il ne soit des plus pauvres, peut s'en vêtir. Les provinces qui fournissent le plus de soie à l'exportation sont : le Kiangsu, l'Anhwei, le Chékiang et le Kwangtung.

(Extrait du Catalogue de l'Exposition Universelle de Paris, 1878.)

Gouvernement Chinois. — Chefoo.

N° du port.

1	2 Echeveaux	de soie	grège,	jaune	de Shantung		1re	qual.
2	2	—	—	—	—	—	2e	—
3	2	—	—	—		—	3e	—
3a	2	—	—	—	—	—	3e A	—
4	2	—	—	—	—	—	4e	—
5	2	—	—	—	—	—	5e	

Cette soie provient du cocon du ver à soie du mûrier ; elle est dévidée à la main. L'exportation annuelle de Chefoo est de 120,906 kilogrammes. La production totale, dans la province du Shantung, est évaluée à 302,265 kilogrammes.

6 2 Echeveaux de soie grège blanche du Shantung.

Cette soie, de même que la soie jaune, provient du ver à soie du mûrier et, comme elle, est dévidée à la main. La différence de couleur est due au ver à soie lui-même et non pas à sa nourriture. La récolte

N° d'ordre.

de cette soie au Shantung est minime. La quantité exportée annuellement de Chefoo atteint à peine le chiffre de 6,045 kil.

7 Echantillon de soie grège Tussah dévidée à la main.

8 — — — — —

9 — — — — — à la vapeur.

10 — — — — —

(Une des plus importantes industries de la province. Le ver à soie se nourrit des feuilles du chêne et produit le cocon d'où cette soie est dévidée. A l'exception d'une filature à moteur à vapeur établie à Chefoo, dont le rendement annuel est de 559 balles, tout le dévidage se fait dans les filatures indigènes, dont le moteur est le pied. La récolte est évaluée à 14,000 balles d'un picul ou 60 kil. 453 chaque et ne peut qu'augmenter dans un avenir prochain, par ce fait que les indigènes trouvant pour leur soie un large marché et des prix rémunérateurs, couvrent peu à peu les flancs des collines de plantations de jeunes chênes.)

11 Echantillon de frisons de soie de Tussah filature.

Déchets des cocons de la soie Tussah, actuellement en grande demande pour la fabrication de la shappe et de la peluche.

13-24 12 Pièces de soie pongée du Shantung (12 qualités).

Tissu fabriqué avec la soie Tussah. Cette industrie, autrefois très prospère, tend peu à peu à disparaître, par suite du prix élevé de la soie employée pour son tissage. La production annuelle qui, il y a quelques années à peine, atteignait le chiffre de 80,000 pièces, est tombée maintenant à 8,000 pièces.

Gouvernement Chinois. — Chungking.

45-51 Soie grège blanche du cocon du ver à soie du murier.

52 — jaune — — —

53 — sauvage — — du chêne.

54-56 Déchets de soie.

57-58 Soies floches.

59-60 Fils de soie.

61-62 Cordonnets de soie.

64 2 Pièces mouchoirs de soie.

69-83 15 — soieries de nuances variées.

Nº du port.

84-95 12 Echantillons de 3m, 65 chaque de soie brochée.

96 Soie huilée.

Gouvernement Chinois. — Hankow.

304 6 Pièces, soiries de nuances variées.

305 Fils de soie — —

306 8 Pièces, velours — —

307 Soie pongée huilée.

Gouvernement Chinois. — Chinkiang.

Echantillons de 3m,65 chaque de :

1 Soie légère brochée, orange.

2 — — — fleur de palmier.

3 — — — pourpre.

4 — — — brun.

5 — — — vert d'eau.

6 — — — fleur de pêcher.

7 — — — écarlate.

8 — — — bleu tendre.

9 — — — gris cendré.

10 — — — rose.

11 — — — vert (feuille) thé.

12 — — — jaune.

13 — — — violet foncé.

14 — — — vert.

15 — — — rouge.

16 — — — jaune citron.

17 — — — vert (feuille) thé clair.

18 — — — rose clair.

19 — — — mauve.

20 — — — noir.

21 — — — turquoise.

22 — — — brun clair.

23 — — — bleu saphir.

24 — — — rouge bordeaux.

25 — — — bleu.

26 — — — blanc.

27 — — — gris foncé.

28 Soie brochée, vert changeant rouge.

29 — — bleu — —

30 — unie — — —

31 — — pourpre changeant vert.

32 Soie brochée, bordeaux changeant violet.

33 — unie, jaune ocre.

34 — — rouge.

35 — — vert.

36 — — turquoise.

37 — — rouge magenta.

38 Satin broché, noir, fabriqué à Nanking.

39 — vert foncé, —

40 — violet foncé, —

41 uni bleu tendre, —

42 — lavande, —

43 — écarlate, —

44 broché d'or, —

45 — d'argent, —

46 Velours, brun noir, —

47 — violet foncé, —

48 — bleu saphir, —

49 — rayé jaune et noir, —

50 — écarlate, —

51 — semé jaune et noir, —

Gouvernement Chinois. — Shanghai.

242 Déchets de soie. Bourres.

243 — — Matières cuites.

244 — — Curlies de Chine.

245 — — Blaze.

246a — — Frisons.

246b — — Matières cuites, Pelettes.

246c — — — — en nappes.

246d — — — bassinés.

246e — — — — bassinés en nappes.

247 Soie redevidée de la filature Soy Lun « Anchor chop ».

248 — — Tsatlee, nos 1, 2, 3. « White Horse chop ».

249 — — Haining, nos 1, 2, 3. « Gold Pheasant chop ».

250 — — Tsatlee, extra nos 1, 2. « Old man chop ».

251 — grège, Tsatlee, Chincum et Hangchow.

252a — — Haining et Kashing.

252b — sauvage de Tsongling.

252c — grège, de la filature Keechong.

253-255 4 Cadres, échantillons de fils de soie, couleurs variées.

256 5 — — de rubans de soie. —

257 6 Flocons de soies. —

258 2 Bourses en soie.

N° du port.

259 12 Poches de soie

260-261 2 Pièces, soie pongée de Hangchow, 2 qualités.

262-263 2 — — — de Soochow, —

264-272 9 — mouchoirs de soie de Hangchow.

Echantillons de 3m,65, chaque de :

273-297 25 Pièces soie brochée, de Hangchow, couleurs variées.

298-313 16 — satin uni, — —

314-319 6 — gaze de soie brochée, — —

320-334 15 — satin broché, de Soochow, —

335-349 15 — — changeant, — —

350-374 25 — soie changeante, — —

375-389 15 — unie, — —

390-397 8 — satin uni, — —

398-402 5 — — broché d'or, — —

403-407 5 — — rayé d'or, — —

408-413 6 — gaze de soie brochée, — —

414-416 2 — satin broché, plumes de paon, de Soochow, couleurs variées.

417-426 10 — gaze de soie rayée, de Soochow, couleurs variées.

427-436 10 — soie légère brochée, — —

437 1 — — jaune mouchetée — —

438-449 12 — — brochée, Huchao —

450-461 12 — crèpe de soie, — —

Gouvernement Chinois. — Soochow.

170-172 Soie blanche, trois qualités, deniers 10/12.

173 — jaune, — —

174 — verte, — — —

Produits de la filature Woo Shing.

175 Soie blanche de Wusieh, dévidée par machines chinoises

176 — — de Liyang, — — —

177 Bourre de soie.

178 Déchets —

179 — — Matières cuites.

Gouvernement Chinois. — Wènchow.

93-110 18 Pièces de soie, couleurs variées.

111-116 6 Couvre-pieds en soie, —

117-128 12 Echantillons de rubans en soie, couleurs variées.

Paul von Tanner. — Foochow.

636-680 Collection de soieries brodées et brochées.

Gouvernement Chinois. — Amoy.

N° du paquet.		
9	1	Pièce velours de soie.

Gouvernement Chinois. — Canton.

336	17	Rubans de soie entremêlée de fils d'or (imitation).
337	20	— —
338	9	— — et coton.
339-341	3	Pièces tissus de soie, mélangées d'or —
342	1	Pièce — — et coton, couleur bleue, mélangée d'or (imitation).
343-344	2	Pièces tissus de soie et coton, couleur rouge, mélangées d'or (imitation).
345	7	Pièces tissus de soie et coton.
346	2	— — — mélangées d'or.
347	1	Pièce — — avec fleurs.
348	1	— — — unie.
349	1	— — de laine filée.
350		Rubans de coton, couleurs variées.
351		Fils de coton — —
352		Collection de 20 échantillons de soie.
352 *bis*		— de soie classique (filature à vapeur, long guindre, titre, etc.

Gouvernement Chinois. — Kiungchow.

20		Fils de soie, trois qualités.

Gouvernement Chinois. — Pakhoi.

38		Soie crue naturelle, blanche et teinte jaune

Classe 84. — *Dentelles, broderies et passementeries.*

Gouvernement Chinois. — Chungking.

65-68	4	Broderies sur soie.

Gouvernement Chinois. — Hankow.

282	6	Garnitures de fantaisie en soie et satin brodés.
283	2	— — en satin brodé.

Gouvernement Chinois. — Shanghai.

462		Fils de soie et filés or et argent pour broderies.

Gouvernement Chinois. — Ningpo.

197	1	Portière en satin brodé.
198	4	Rideaux — —

N° du port.		
199	1	Couvre-lit en satin brodé.
200	1	Dessus de piano —
201	1	Tapis de table —
202	1	Lambrequin pour cheminée, en satin brodé.
203	2	Garnitures de fauteuils —
204	1	Garniture pour sofa —
205	4	Garnitures — chaises —
206	1	Service de table en satin brodé, crème et or.
207	1	— — — jaune et argent.
208	1	— — — rose et or.
209	1	— — — bleu et or.
210	2	Garnitures de table —
211	1	Col et manchettes en dentelles.
212	3	Cols et —
213	12	Mouchoirs —

Missions étrangères de Saint-Vincent de Paul. — Hangchow.

606-625	20	Pièces dentelles en soie, travaillées par les orphelines des Missions.

On Loong. — Canton.

353-358	6	Tapis de table, satin brodé.
359-368	10	Panneaux —
369-378	10	Dessus de coussins —
379-380	4	Tentures en soie brodée.
384-386	3	Châles, crêpe brodé.
387	1	Dessus de lit, satin brodé.
388-391	4	Couvre-théières en soie brodé.
392-393	2	— en toile de ramie, avec broderies de soie.
394-399	12	Dessus de coussins, satin brodé or (imitation).
400-401	24	Mouchoirs de femme, bords festonnés.
402-407	6	Tapis de table à thé.
408-411	4	— de buffet, coton et fil, brodés.
416	2	Tentures blanches, en toile de ramie, broderie de coton.
417	1	Tapis de table, bleu — — —
418	1	— — blanc — — —
419	1	Dessus de lit, blanc — — —

CLASSE 85. — *Industries de la confection et de la couture pour hommes, femmes et enfants.*

Le costume chinois est des plus simples, et sauf l'habit de cérémonie pour les fonctionnaires, il est le même pour tout le monde, la seule différence consistant dans la matière de l'étoffe.

Les chaussettes sont de coton, ouatées et piquées en hiver. Sur ces chaussettes se nouent les jambes du pantalon de toile ou de soie avec des jarretières de couleur foncée ou voyante. On l'attache aux hanches avec une ceinture à glands tombant du côté gauche; sur la poitrine on porte un plastron de toile ou de soie suspendu au cou par une chaînette, et serré autour du torse par deux cordons. La chemise tombe flottante sur le pantalon; courte, elle ne descend que jusqu'un peu au-dessous des hanches; ouverte dans toute sa longueur sur le devant, elle s'attache sur le côté. Par dessus le pantalon, les élégants portent des jambières nouées au cou-de-pied et retenues à la ceinture par des bretelles. Une longue robe, s'attachant sur le côté, se porte par-dessus la chemise; elle est serrée à la taille par une ceinture, dont le fermoir est souvent incrusté de pierreries et à laquelle on suspend la blague, la pipe, l'éventail, la montre dans son étui brodé, et quelquefois un sachet renfermant la bouteille-tabatière; car ils ne possèdent point de poches. En hiver, la robe est ouatée ou fourrée ainsi que les jambières. Dans les visites de cérémonie, on passe sur cette robe un pardessus de couleur sombre, plus court que la robe, ouvert sur le devant, boutonné droit, fendu sur les deux côtés et derrière; au cou s'ajoute alors un collet de satin bleu de ciel. La tresse pend toujours extérieurement.

Pour les femmes tartares, le plastron, la chemise, le pantalon, noué sur les chaussettes par un ruban de couleur voyante, sont identiques aux mêmes vêtements des hommes, sauf qu'ils sont plus ou moins ornés. Autour de la taille se noue un tablier plissé formant jupon; par dessus se passe une robe longue, sans ceinture, couvrant le pied et ne laissant déborder que la haute semelle blanche de la chaussure. Cette longue robe, fendue sur les quatre côtés, laisse entrevoir pendant la marche la jupe plissée; sur cette robe s'ajoute une tunique plus courte et d'une couleur autre que celle de la robe et du tablier.

La toilette est la même pour la femme chinoise, sauf pour la robe de dessus, qui est moins longue, tombe au-dessous du genou, laissant voir le pantalon que ne recouvrent pas de jupes. Les femmes chinoises se distinguent aussi des femmes tartares par leurs petits pieds déformés. Toutes savent se servir au besoin de faux cheveux et de perruques en crin. Elles ornent leur coiffure de fleurs naturelles ou artificielles.

(Extrait du Catalogue de l'Exposition Universelle de Paris, 1878.)

Gouvernement Chinois. — Tientsin.

N° du port						
27	1 Mannequin habillé :			Vieillard,	costume	d'hiver.
28	1	—	—	Vieille femme	—	—
29	1	—	—	Petit garçon	—	—
30	1	—	—	Petite fille	—	—
31	1	—		Jeune homme	—	d'été.
32	1	—	—	— fille	—	—
33	1	—	—	Petit garçon	—	—
34	1			Petite fille.	—	—

N° du port		
77	1	Longue robe en peau de mouton, noire.
78	1	— — — blanche.
79	1	— — d'agneau —
80	1	— — de chat.
81	1	— — de marmotte.
82	1	— — d'écureuil grise.
83	1	— — — volant, brune.
84	1	Jaquette — d'agneau, blanche.
85	1	Longue robe — de renard.

Gouvernement Chinois. Hankow.

308-311	4	Robes longues en soie, nuances variées, pour hommes
312	1	Jaquette — bleu-foncé —
313	1	— en gaze de soie brune —
314	1	— en satin jaune —
315-317	3	Jaquettes en soie, de nuances variees —
318-320	3	Gilets en satin — —
321	1	Gilet en gaze de soie bleue —
322-324	3	Pantalons en soie noire et bleue —
325	1	Pantalon en gaze de soie bleue —
326	1	Habit de deuil —
327-329	3	Jaquettes en soie, de nuances variées, pour femmes
330	1	Jaquette en gaze de soie bleue, ornée de satin —
331-332	2	Pantalons en soie jaune et brune, ornés de satin noir pour femmes.
333	1	Pantalon satin noir, orné de rubans de soie, pour femmes
334	1	— en soie, gris argent, orné de soie bleue —
335-338	4	Robes — de nuances variées et ornées —
339	1	Jaquette de deuil pour femmes.
340-342	3	Robes longues en soie, nuances variées, pour garçons
343	1	Pantalon — violette, orné de satin —
344	1	Jambière — rouge — —
345	1	Gilet — grise — —
346-348	3	Robes longues — de nuances variées, pour filles
349-351	3	Pantalons — —
352	1	Jaquette en satin rouge, brodé, pour enfants
353	1	— — bleu, brodé or et soie —
354	1	— en soie, de sept couleurs —
355	1	Pantalon — verte, brodée et ornée

Gouvernement Chinois. — Shanghai.

463	2	Figures, en grandeur naturelle, d'un fiancé et fiancée en costumes complets, richement brodés soie et or.

Gouvernement Chinois. — Soochow.

Nos du port

180-188 9 Insignes de rang portés sur la poitrine et le dos des robes des officiers militaires du premier au neuvième grade.

189-197 9 Insignes de rang portés sur la poitrine et le dos des robes des officiers civils du premier au neuvième grade.

198 1 Robe de cour en soie brodée, pour homme.

199 1 Collier de la robe de cour en soie brodée pour homme.

200 1 Robe de cour en soie brodée, pour femme.

201 1 Mantelet de cérémonie en soie brodée, pour femme.

202 1 Jupon — — — —

203 1 Pantalon — — — —

204 1 Robe — en drap brodé —

205 1 Mantelet — — — —

Gouvernement Chinois. — Canton.

423 1 Manteau en feuilles de palmier, pour la pluie.

424 2 Oreillers avec bouts en toile brodée d'or (imitation).

424 *bis* 4 — — en paille, brodés.

425 1 Mannequin de mandarin civil de 1re classe (vêt. d'hiver).

426 1 — — milit. — (vêt. d'été).

427 1 — de gentilhomme chinois.

428 1 — de dame chinoise.

429 1 — de jeune fille chinoise.

430 1 — de prêtre Taoiste.

431 1 — de — bouddhiste.

432 1 — de religieuse.

433 1 — de Tin Chai (garçon de bureau).

434 1 — de paysan.

435 1 — de paysanne.

436 1 — de jeune fille de la campagne.

437 1 — de batelier.

438 1 — de femme de batelier.

439 1 — de fille de batelier.

440 1 de soldat.

441 1 — de coolie (homme de peine).

442 1 — de voleur.

443 1 — de prisonnier exilé.

Gouvernement Chinois. — Kiungchow.

21 3 Jupons de femmes aborigènes (Li).

22 3 Jaquettes — — —

Gouvernement Chinois. — Lungchow.

N° du port.

8 Costume complet de femme indigène « Pen-ty » du nord-ouest du Kouangsi.

9 Costume complet de femme « Panyaou », région de montagnes entre le centre et l'est du Kouangsi.

10 Costume complet de femme « Hao-lan yaoū ».

11 — — d'homme —

12 Ceinture large pour homme.

13 — étroite pour femme.

14 Costume complet de femme « Pan-y ».

15 — de petite fille.

16 — de petit garçon.

Gouvernement Chinois. — Mengtsz.

24 Costume complet de noces de femme « Lungjen ».

25 — — de femme « Han Miaotzu ».

Gouvernement Chinois. — Szemao.

Costumes :

107 de femme Shan : tribu Lu : États Shans chinois.

108 d'homme — — — —

109 de bonze — — — —

110 de femme — — États de Keng Hung.

111 de fille — — — —

112 de femme — tribu Lem : — Meng Lien.

113 — Woni de Pu-yuan — Meng Wang

114 de fille — — — —

115 — — de la ville de « I Pang ».

116 — — des montagnes de l'État de « I Pang »

117 de femme Aka : États de Liu Shun et Mengche.

118 — Mahè : environs de Szemao.

119 — Kawa civilisée : frontière Sino-Birmanie.

120 d'homme — sauvage : — —

121 de femme — — — —

122 — Lolo : montagnes autour de Szemao.

123 — Lohei : — de Chen Pien.

CLASSE 86. — *Industries diverses du vêtement.*

Le parapluie ou l'ombrelle et l'éventail sont deux accessoires du vêtement connus en Chine de temps immémorial et caractéristiques de ce peuple. Depuis les premiers mandarins de l'empire jusqu'au dernier homme du peuple, personne en Chine ne saurait se passer de ces objets. L'om-

Il est même un des insignes honorifiques de la hiérarchie mandarinale, et trouve place dans toutes les cérémonies. L'éventail n'est point réservé aux seules femmes ; on le trouve dans la main de l'empereur comme dans celle du coolie, la différence étant seulement dans la forme et la matière de celui-ci.

L'industrie des éventails occupe en Chine des milliers de mains, et chaque endroit semble avoir une spécialité de forme ou de facture. Il y a deux grandes catégories d'éventails : celui qui se ferme en plis plus ou moins nombreux, et celui qui est fait d'une seule pièce et que nous nommons écran.

L'éventail à plis se fait en bambou, en bois précieux, santal et autres, en ivoire et en écaille. Pékin a la spécialité des éventails en bois foncé et papier noir, sur lesquels sont collés des dessins ou des caractères en papier doré du plus charmant effet. A Canton on fabrique surtout les éventails en papier peint avec les figures des personnages en ivoire, puis viennent les éventails en bois de santal, en bois laqué, en ivoire, écaille, etc. ; ces derniers sont spécialement destinés à l'exportation.

Quant aux écrans, ils sont faits en gaze de soie tendue sur un cadre et brodée. On trouve aussi des écrans formés d'un mince tambour de soie, dont les deux surfaces sont ornées de peintures variées ou de sentences philosophiques. Les plumes de la queue de l'aigle, réunies sur un manche de bois dur, fournissent un écran fort estimé à Pékin, tandis que dans la province du Kwang-tung, les plumes de l'argus et des nombreux et brillants oiseaux du Yunnan fournissent de charmants écrans rehaussés des plumes du héron et du martin-pêcheur. Le monde végétal est aussi mis à réquisition, et les feuilles d'une ou plusieurs variétés de palmier, *Chamærops excelsa*, *C. Fortunei*, etc., sont aisément transformées en éventails. A Canton les feuilles sont mises à tremper pendant quinze jours, puis séchées à un feu doux, ce qui les rend polies ; on les borde ensuite avec du ruban de soie ou du rotin, fixé au pétiole par deux plaques d'écaille et deux rivets de cuivre. Ces éventails en feuilles de palmier s'exportent beaucoup aux États-Unis, dans l'Inde, l'Amérique du Sud et l'Europe.

Extrait du Catalogue de l'Exposition Universelle de Paris, 1878.

La collection d'éventails de Hangchow est accompagnée par les remarques suivantes de M. King, commissaire des Douanes. « Ce qui est présenté est une collection d'éventails et d'écrans de la manufacture connue sous le nom de Shu-lien-chi de la ville de Hangchow, ville très renommée comme étant un centre d'arts et de manufactures et tout particulièrement pour les soieries et les éventails. Shu-lien-chi emploie environ cent cinquante ouvriers aux gages de fr. 0,40 à fr. 1,35 chaque par jour. La peinture sur éventails est faite par les artistes à leur domicile. Ces artistes sont très experts dans ce travail et peuvent obtenir des gages très élevés.

« L'écran est l'éventail le plus ancien. L'éventail à plis est de date plus récente et est, sans aucun doute, le meilleur article ; il a l'avantage, aux yeux des Chinois, de pouvoir être mis et porté dans un étui ; cet étui, dont plusieurs échantillons sont inclus dans la collection, a très souvent beaucoup de mérite au point de vue artistique. L'éventail entre pour beaucoup dans la vie et les coutumes chinoises. Comme il y a une mode pour toutes choses, il y en a aussi une pour l'éventail. Les femmes peuvent faire usage d'éventails sur lesquels sont peintes des figures de femmes, mais il serait considéré comme de très mauvais goût si un homme était vu avec un éventail ou écran sur lequel le beau sexe serait représenté. »

Gouvernement Chinois. — Chungking.

N° du port.		
63	2	Ceintures de soie.
120-121	2	Éventails en bambou.
122	1	Étui — pour éventail.

Gouvernement Chinois. — Hankow.

356-363	8	Paires souliers en satin, etc., pour hommes.
364-368	5	Jambières en soie —
369-373	5	Calottes en satin —
374-380	7	Paires bottes en satin, etc., —
381	1	Paire chaussettes en coton pour femme à petits pieds.
382	1	— souliers en soie brodée — —
383	1	— jambières en soie rouge —
384	1	— — en coton —
385	6	Coiffures en soie ou satin brodé de nuances variées et ornées de perles, de fil d'or ou d'argent. Portées par les femmes au lieu de calotte ; le devant seul de la tête est couvert, les deux bouts s'en vont en pointe et sont fixés aux cheveux derrière les oreilles.
386	5	Paires bas pour enfants.
387-388	2	— souliers en soie pour enfants.
389	1	— — en coton —
390-391	2	— bottes en satin —
392	1	— — en velours —
393-397	5	Calottes en soie et satin —
398	1	Capuchon pour homme.
399	1	— pour enfant.
400	1	Chapeau porté par les mandarins en été.
401	1	— — — en hiver.
402	1	— — employés des fonctionnaires.
403	6	Mouchoirs en soie, principalement employés par les dames comme foulards et mouchoirs pour s'essuyer le visage, mais non pour se moucher.
404	6	Bourses en soie richement brodées.
405	3	— en cuir décoré.
406-408	13	— toile, etc.

Les Chinois n'ont pas de poche à leurs habits, mais ils portent, suspendues à leur ceinture, des bourses et des sacoches dans lesquelles ils mettent l'argent, le tabac et autres articles.

409	2	Sacs à sapeques.
410	4	Ceintures en soie et à dessins.
411	6	Parapluies en papier huilé et baleines en bambou.

Gouvernement Chinois. — Sanghai.

N° de port

464 1 Paire bottes de cérémonie en satin.
465 1 — — en coton et satin garnies de clous.
466 1 — — en cuir garnies de clous.
467 1 — — —
468 1 — — en coton.
469a 1 — souliers en satin noir.
469b 1 — — — brodé.
470a 1 — — de deuil pour homme.
470b 1 — — brodé —
471 1 — — en coton et garni de clous pour femme.
472 1 — — en cuir pour femme.
473 1 — — en coton —
474 1 — bottes en satin brodé pour garçon.
475 1 — souliers — — —
476-477 2 — chaussures en satin brodé pour femmes à petits pieds.
478 1 — chaussures de deuil pour femme à petits pieds.
479 1 Calotte en satin brodé pour garçon.
480 1 Coiffure — — pour fille.
481 1 — — — pour enfant.
482-483 2 — — — pour femmes.
484-486 3 Vêtements en bambou portés en été sur la peau.
487 1 Coiffure de mariée
488 1 — de jeune fille en clinquant.
489 12 Ornements de tête pour femmes, fleurs artificielles en papier.
490 12 Ornements de tête pour femmes, fleurs artificielles en papier avec fausses perles.
491 18 Ornements de tête pour femmes, fleurs artificielles en perles fausses.
492 1 Cadre contenant épingles à cheveux, boutons pour coiffure de femmes et boucles d'oreilles en clinquant.
493 17 Ornements de tête pour femmes, fleurs artificielles en perles, importées de France.
494 3 Cordonnets de soie pour la tresse.
495 Cheveux pour nattes, perruques, etc
496 1 Ceinture de soie.

Gouvernement Chinois. — Ningpo.

223 2 Jaquettes en bambou.
224 1 Habit en fibres de palmier.
225 2 Vestes en bambou.

N° du port		
226	1	Pantalon en jonc
227	1	Paire bas —
228-237	10	— manchettes en jonc.
238-244	7	Chapeaux en jonc (3 pailles).
245-251	7	— — (2 —).
252-254	3	— — (1 — fine).
255-257	3	— — (2 — —).
258-318	61	— faits de copeaux de bois, couleurs assorties.

Shu Lien Chi. — Hangchow.

1-100	100	Éventails à feuilles avec manches en bambou et en ivoire peints, avec paysages, figures, etc.
101-200	100	Écrans en soie et crêpe, paysages peints à l'aquarelle
201-250	50	— en gaze de soie, — —
251-350	100	— travaillés en paille fine —
351-450	100	— — et soie —
451-500	50	— ornés, paille et soie, dessins différents, peints à l'aquarelle.

Gouvernement Chinois. — Foochow.

347	1	Paire souliers pour femme à petits pieds.

Gouvernement Chinois. — Amoy.

1	4	Boîtes fleurs artificielles.
8	6	Parapluies en papier huilé.

Gouvernement Chinois. — Canton.

444	1	Chapeau d'hiver, mandarin civil de 1re classe. Bouton rouge.
444 *bis*	1	Chapeau d'hiver, mandarin civil de 1re classe. Bouton bleu.
445	1	Chapeau d'été, mandarin civil de 3e classe. Bouton bleu.
446	1	Chapeau d'été, mandarin civil de 4e classe. Bouton bleu.
447	1	Chapeau d'été, mandarin civil de 5e classe. Bouton de cristal.
448	1	Chapeau d'été, mandarin civil de 6e classe. Bouton blanc.
449	1	Chapeau d'été, mandarin civil de 7e, 8e, 9e classe. Bouton d'or.

Nos		
450	1	Chapeau d'été, mandarin militaire de 6e classe. Bouton blanc.
451-452	2	Toques en satin.
453	1	— — et velours.
454	1	— en crins de cheval.
455	8	— en satin brodé avec fils d'or (imitation).
456	1	Chapeau de soldat mandchou, en paille.
457	1	— pour processions.
458	1	— de voyageur, —
459	1	— d'enfant, —
460	1	— de coolie de chaise, en bambou.
461	1	— de batelier, —
462	1	— de coolie, —
463	1	— de pompier, —
464	1	— de berger, —
465	1	— de femme Hakka, — avec franges.
466	1	— de marin, en osier.
467	72	Boites de fleurs artificielles, différentes espèces.
468	1	Paire de corbeilles de fleurs artificielles.
469	3	Ceintures de soie pour hommes.
470	13	Porte-monnaie de soie brodée, avec fils d'or (imitat.).
471	9	— —
472	18	Etuis à lunettes — — —
473	5	— —
474	8	Etuis à montres — —
475	7	Poches à aréca (noisettes), soie brodée. — —
476	2	Blagues à tabac — — —
477	3	Etuis à clefs — — —
478	4	— à cigarettes en soie brodée.
479	4	— à cigares —
480	9	— à éventails —
481	1	Paire de souliers d'homme, en satin.
482	1	— — — en toile.
483	1	— — en toile-deuil
484	1	— — de femme, en toile.
485	1	— — en satin.
486	1	— — — avec broderies.
487	1	— — — en toile-deuil.
488	1	— de bottes en velours pour officiers.
489	1	— — — — civils.
490	1	Boîte de boutons, assortiment varié.
491	1	Paire de sandales en paille.
492-493	2	— de souliers (petits pieds) pour femmes.

N° du port.

494 1 Paire de sandales (chanvre et cuir) pour veilleur.
495 1 — — en cuir pour paysan.
496 1 — de souliers pour homme, en soie brodée.

Chun Quan Kee. — Canton.

1024-1025 2 Éventails en plume et en ivoire.
1026 1 — en ivoire.
1027-1034 8 — en soie brodée et en ivoire.
1035-1037 3 — en gaze de soie brodée et en ivoire.
1038-1041 4 — — et en santal.
1042 1 — feuilles en ivoire, bois de santal et écaille de tortue.
1043 2 — en bois de santal.
1063 1 — en écaille de tortue et en soie brodée.
1064 1 — en ivoire incrusté de nacre.

Gouvernement Chinois. — Kiungchow.

23 1 Ceinture de femme aborigène « Li ».
23a 3 Chapeaux en rotin et bambou.
25 3 — en feuilles de palmier huilé.

Gouvernement Chinois. — Pakhoi.

39-40 2 Chapeaux faits avec une sorte d'herbe pour garantir du soleil.

Gouvernement Chinois. — Mengtsz.

26-27 2 Parapluies pour femmes.
28-31 4 Paires souliers.
32 1 — sandales en toile.
33-34 2 — — en paille.
35 1 — — en chanvre.
36 1 — bottines en drap.
37 1 — — en soie.
38 1 Chapeau huilé pour la pluie.
39-40 2 — en bambou pour le soleil.
41 1 Calotte de deuil.

Gouvernement Chinois. — Szemao.

124 Coiffure de femme Woni.
125 Chapeau en bambou d'homme « Aka ».
126 — de paille.
127 — avec couverture en toile huilée.
128 — — en mousseline huilée.

N°s d'ordre

129 Chapeau imperméable, en bambou.
132 Bourses des Akas.
133 Sacoche en soie sauvage.
134 — en coton.

QUATORZIÈME GROUPE

Industrie chimique.

Classe 87. — *Arts chimiques et pharmacie.*

La chimie est encore, en Chine, à l'état embryonnaire; les produits chimiques sont donc peu nombreux. Les plus importants sont ceux qui sont employés comme médicaments, et le mercure et ses composés entrent en première ligne. Le mercure métallique se trouve en quelques endroits, mais il est le plus souvent obtenu par une distillation grossière du cinabre. Le calomel, ou protochlorure de mercure, est obtenu de la manière suivante : on broie ensemble deux onces d'alun, une de mercure, et une de sel marin, jusqu'à ce que le mélange soit assez intime pour que l'on n'aperçoive plus de particules brillantes du métal. On place ensuite ce mélange dans une espèce de creuset de fer, dont on lute le couvercle avec un mélange de cendres, de sel et d'eau. Puis on chauffe la partie inférieure du creuset avec des morceaux de bois résineux, et en ayant soin que la température ne s'élève que graduellement; en même temps on refroidit la partie supérieure du creuset au moyen de papier imbibé d'eau, qu'on y applique pendant toute la durée de l'opération. Lorsqu'elle est terminée, on ouvre le vase et on recueille le calomel, qui s'est attaché au couvercle et aux parois du creuset, sous forme de poudre blanche légère. Le protochlorure de mercure est obtenu au Shensi par des procédés très compliqués. Pour fabriquer le bichlorure, on calcine et fond ensemble du nitre, du mercure, du borax, du sel ammoniac, du massicot et de l'orpiment. Pour obtenir l'oxyde rouge de mercure, on chauffe dans un creuset, pendant environ une heure et demie, du mercure, de l'alun et du nitre. L'azotate est fabriqué en chauffant jusqu'à sublimation un mélange de plomb, de mercure, de sulfate de fer et de nitre. Le vermillon, qui sert pour la peinture et la fabrication des laques, est souvent employé en médecine à la place du calomel. Pour le préparer, on introduit dans un creuset un mélange intime de six onces de mercure et de quatre onces de soufre. On chauffe graduellement et l'on refroidit en même temps le couvercle, sous lequel le vermillon se condense en poudre impalpable.

Le carbonate de potasse est obtenu par l'incinération de plantes herbacées, *Polygonum Artemisia*, etc., dans les provinces du Chihli et Shantung. Dans ces pays, le sol est souvent recouvert d'efflorescences salines, qu'on ramasse avec un balai, en les dissolvant dans l'eau chaude, ou plus simplement en versant de l'eau sur les terres alcalines placées dans un vase *ad hoc*; on obtient une lessive, qui est évaporée jusqu'au tiers dans des chaudières de fonte. On laisse cristalliser et on obtient ainsi séparés par leur densité ou la forme de leurs cristaux, trois couches de sels, savoir : chlorure de sodium, carbonate de soude, et salpêtre. Le sel marin, obtenu sur les côtes du golfe du Pechihli, par l'évaporation spontanée de l'eau de mer dans des marais salants, est comme le salpêtre, propriété de l'État, et soumis comme tel à des lois spéciales. L'alun est fourni par Ningpo et Hankow. Le sulfate de fer vient surtout des mines de houille, où il se trouve naturellement formé par la sulfatisation des pyrites exposées à l'air. Pour le sulfate de cuivre, on le prépare en soumettant à l'action de la chaleur un mélange de salpêtre et de sulfure de cuivre, dont on trouve des gisements abondants dans plusieurs provinces.

Si l'art médical est en Chine en pleine décadence et laissé le plus souvent aux empiriques ou aux charlatans, l'art de la pharmacie semble être au contraire dans une meilleure voie, bien que l'emploi des médicaments simples ou composés soit basé trop souvent sur la superstition ou l'empirisme le plus absolu; on croit à des vertus curatives de telle substance convenant à telle affection, et tout se borne là. Quoi qu'il en soit, et malgré l'usage absurde d'un grand nombre de substances parfaitement inertes, il n'en est pas moins vrai qu'une longue expérience et la pratique constante de l'observation patiente ont appris aux Chinois les vertus indiscutables d'un grand nombre de remèdes. Ainsi, il n'y a pas de doute qu'ils ont de bonne heure obtenu l'anesthésie générale ou locale, employant à cet effet certains champignons ou la racine d'aconit. Les remèdes minéraux sont peu employés en Chine ; aussi la matière médicale se compose-t-elle presque essentiellement de végétaux. Le nombre des plantes employées est immense, et on pourrait presque dire que toutes les plantes connues en Chine sont employées comme remèdes. On emploie aussi plusieurs substances animales : parmi les plus célèbres se trouvent : le fiel d'ours, les cornes de cerf, la colle de peau d'âne du Shantung, l'ambre gris, les [illegible], que l'on vend au poids de l'or, les os, les moustaches et les ongles du tigre, dont toutes parties passent pour jouir de hautes propriétés thérapeutiques. Enfin, les substances les plus sales et les plus dégoûtantes sont employées, comme autrefois chez nous la thériaque. Quelques drogues chinoises, autrefois importées en Europe, sont tombées en désuétude, comme le ginseng et le galangal. La Chine nous fournit encore cependant le musc, la rhubarbe, le poivre cubèbe, les cardamomes, le [illegible], l'écorce de cassia, sorte de cannelle, etc.

Extrait du Catalogue de l'Exposition Universelle de Paris, 1878.

Gouvernement Chinois. — Chungking.

Nos du port	
14-15	Cire d'insectes.
97	Opium indigène.
98	— préparé.
99	Chaudron pour bouillir l'opium.
100	Grande cuiller, brosse et grattoir pour préparer l'opium.
101	Couteau et racloirs pour recueillir le jus des pavots.

Gouvernement Chinois. — Hankow.

87 Indigo.
412 Potasse.
413 Suif animal pour chandelles.
414 — végétal obtenu des graines du *stillingia sebifera*, pour chandelles.
415 Cire d'insectes du *Coccus Pelah* ou *C. Sinensis*, employée à faire des chandelles.
416 Cire d'abeilles.

Gouvernement Chinois. — Amoy.

6 Opium indigène avec ses différents produits.

Gouvernement Chinois. — Canton.

70 Indigo.
79 Résine.
348 2 Cierges pour mariage.
319 2 — pour jour de naissance.
320 2 — pour enterrements.
321 2 — pour nouvel an.

Médecines exportées de Canton :

497 Moxa Punk.
498 Camphre *Blumea* raffiné.
499 Crapauds secs.
500 Semences d'arbre à camphre.
501 Camphre ordinaire préparé du camphre *Cinnamomum*.
502 — — raffiné.
503 Feuilles de *Dichroa febrifuga*.
504 Hématite rouge (péroxyde de fer).
505 Peau d'orange (orange mandarine).
506 Gelée de peau d'orange.
507 Cubèbe ; baies de *Daphnidium cubeba*.
508 *Celosia Indica*.
509 *Celosia argentea*.
510 Enveloppes de gésiers de poulets.
511 *Siphonostegia sinensis*.
512 Safran [illegible].
513 Graines de silly. Croton *tiglium*.
514 Sarrazin *Fagopyrum esculentum*.
515 Épines de *Gleditschia sinensis*.
516 Écales de semences. *Eucalyptus globulus*.
517 Racine de *Rubia cordifolia*.

Nos du port.	
518	*Cicada* avec pousse de *fungus*.
519	Cumquat sec. *Citrus japonica*.
520	Fruit, nom incertain.
521	Dianthées.
522	Fleurs de *Lonicera japonica*.
523	Pousses — —
524	Feuilles — —
525	*Rosa laevigata*.
526	*Artemisia opiacea*.
527	*Celosia argentea*.
528	*Senecio scandens*.
529	Médecine, nom indéterminé.
530	Fleurs de *Cardamomum, Amomum villosum*
531	Semences — — —
532	Gousses — — —
533	*Gymnocladus sinensis*.
534	*Euphorbia pilulifera*.
535	Nid de guêpes.
536	*Verbascum thapsus*.
537	*Lemna minor*.
538	Écorce de cotonnier. *Bombyx malabaricum*.
539	*Eclipta* ou *Nadelia calendulacea*.
540	*Phyllantus*.
541	*Lophantus rugosus*.
542	*Polygonum multiflorum*.
543	*Brunella vulgaris*.
544	*Andropogon schœnanthus*.
545	*Abrus precatorius*.
546	*Cnicus japonica*.
547	Arsenic blanc.
548	— rouge.
549	*Dipsacus asper*, *Wall* ou *Lamium album*.
550	*Inula britannica*.
551	Legumes de *Sophora japonica*.
552	*Dendrobium*.
553	Semences de Nampee. *Clausena Nampi*.
554	*Cissampelos*.
555	*Leonurus sibiricus*.
556	Pépins d'orange mandarine.
557	*Pachyrhizus angulatus*.
558	Médecine, nom incertain.
559	Lézards secs.
560	*Pueraria Thunbergiana*

Nos

561 Myrobolans. *Terminalia Chebula.*
562 *Dicksonia Barometz.*
563 *Uncaria rhynchophylla.*
564 *[illegible] Wallichianum.*
565 *Momordica charantia*, coupée par tranches et séchées.
566 *Melia Azedarach.*
567 Petite branche de *Cassia.*
568 *Cassia lignea* en morceaux.
569 Pédoncules de bourgeons de *Cassia.*
570 Bourgeons de *Cassia.*
571 Médecine, nom incertain.
572 *Aconitum lycoctonum.*
573 Pierres de *Nephelium Litchi.*
574 *Typhonium divaricatum.*
575 Racine, nom inconnu.
576 *Lysimachia foenum graecum*
577 Fruit de *Podocarpus macrophylla.*
578 *Phragmites Roxburghii.*
579 *Pandanus.*
580 *Veratrum album.*
581 Fleurs de *Nephelium Longana.*
582 Médecine indéterminée.
583 *Valeriana officinalis.*
584 *Imperata arundinacea.*
585 Andropogon.
586 Limonite.
587 *Sapindus Mukorossi.*
588 Laine de soie du fruit de cotonnier.
589 Médecine, nom indéterminé.
590 *Datura alba.*
591 Semence de cirier. *Ligustrum lucidum.*
592 *Kaempferia pandurata*
593 Rhizome de lotus. *Nelumbium speciosum*
594 *[illegible] Mannifera.*
595-596 *[illegible].*
597 Racine, nom inconnu.
598 Cantharides.
599 Feuilles de loquate. *Eriobotrya japonica.*
600 Menthe poivrée.
601 Feuilles de *Mentha arvensis.*
602 Médecine, nom inconnu.
603 Feuilles, nom incertain.
604 — de *Biota orientalis.*

N° du port.

605 *Taraxacum officinale.*
606 Oxyde rouge de mercure.
607 Capoor Cutcheri. *Kaempferia Galanga.*
608 *Saurusus sinensis.*
609 Petites branches de mûrier.
610 Ecorces de la racine de mûrier. *Morus alba.*
611 Fruit de *Alpinia officinarum.*
612 *Gardenia florida.*
613 Médecine, nom inconnu.
614 Framboise sauvage, *Rubus parvifolius.*
615 Oxyde magnétique de fer.
616 Un mélange d'herbes odoriférantes.
617 *Thalictrum rubellum.*
618 Halloysite, terre alumineuse d'une couleur rougeâtre.
619 Semences de *Cassalpinia minus.*
620 Peaux de grenadier. *Punica Granatum.*
621 *Polypodium lingua.*
622 *Zuisqualis indica.*
623 *Angelica.*
624 *Limnanthemum nymphæoides.*
625 Ecorce de hibiscus.
626 *Luffa acutangula.*
627 *Perilla ocymoides.*
628 Semences de *Perilla ocymoides.*
629 Feuilles — —
630 *Polypodium fortunei.*
631 Feuilles d'*Indigofera tinctoria.*
632 Genre de feuilles *Artemisia.*
633 Médecine indéterminée.
634 Feuilles de bambou. *Commelina medica.*
635 *Polygonum tartaricum.*
636 Ecorce d'érable.
637 Semences de *Kochia scoparia.*
638 *Melastoma repens.*
639 Ver de terre. *Lumbricus terrestris.*
640 *Viola Patrinii.*
641 *Bambusa subtiles.*
642 *Gynura pseudochina.*
643 Excréments de vers à soie.
644 Racine de *Xanthium strumarium.*
645 Gousse de *Gleditshia sinensis.*
646 *Eupatorium.*
647 Racine de squine. *Smilax China.*

Nos du catal.

648 Feuilles de murier blanc.
649 Peroxyde de fer.
650 Fer, minerai magnétique.
651 *Selaginella involvens.*
652 Poudre pour moustiques (contenant arsenic), frottée contre la peau pour empêcher les piqûres.
653 Noix de galle, excroissance produite par les attaques faites par de petits insectes sur le *Rhus semialata.*
654 Médecine indéterminée.
655 Fruit, nom inconnu.
656 Fleur de *Averrhoa Carambola.*
657 Fumier de chauve-souris.
658 Pépins de pumélo.
659 Fleurs — *Citrus decumana.*
660 Peaux —
661 Ecorces d'une espèce d'orme.
662 Sulfate de soude purifié.
663 *Pendulous Tendrils* ou racines de Banyan. *Ficus retusa.*
664 Cire blanche (pilules).
665 — jaune —

Gouvernement Chinois. — Kiungchow.

31 Suif animal.

Gouvernement Chinois. — Pakhoi.

41 Huile d'anisette employée dans la pharmacie.
42 Camphre — — —
43 Lézards séchés — — —

Gouvernement Chinois. — Mengtsz.

3-6 Opium du Yunnan, quatre qualités.

Gouvernement Chinois. — Szemao.

23 Opium des États Shans chinois.
87 Poudre de lavage.
93 Indigo.
137 Médecine pour chevaux.

Classe 88. — *Fabrication du papier.*

L'industrie du papier, dont l'inventeur est Tsai Lun, remonte à la dynastie des Han, mais ce ne fut qu'en l'an 153 de notre ère que son usage se répandit dans l'empire, où l'on fabrique aujourd'hui de nombreuses qualités de papier avec le chanvre, la paille de riz, de millet ou de froment, le bambou, les cocons de vers à soie, les écorces du mûrier blanc, du *Broussonetia papyrifera*; on dit aussi que le rotin, certaines algues, les écorces de l'*Ailanthus glandulosa* et du pin sont employées. En Corée on se sert surtout de l'écorce du *Broussonetia* pour fabriquer du carton et un papier fort solide, dit Coréen, servant à couvrir, en guise de vitres, les châssis des fenêtres et à envelopper des marchandises, quand il a été rendu imperméable par une couche d'huile.

Pour fabriquer le papier de bambou on laisse tremper environ cent jours le bambou haché en petits morceaux qui sont réduits en fibres par l'action d'un maillet. Ces fibres sont alors traitées par la chaux et l'eau bouillante pendant huit jours, puis par une lessive de cendres pendant près de dix jours. On les désagrège en pulpe au moyen d'un pilon. La pâte ainsi obtenue est additionnée d'eau, et on y plonge les formes faites d'un fin treillis de bambou. Les feuilles pressées et égouttées, au moyen d'un appareil à levier, sont appliquées à la brosse sur la surface extérieure d'un four à sécher, formé de deux murs parallèles en briques. Cette fabrication a lieu surtout au Szechuan.

On fabrique dans le nord, et particulièrement au Shantung, des papiers de tenture en feuilles d'environ un pied carré. La surface, blanchie au moyen de la craie ou du plâtre, reçoit ensuite des dessins blancs et brillants, obtenus avec de la céruse ou de la poudre de stéatite, appliquées au moyen de planches gravées en relief. Ces dessins sont ensuite rendus brillants par un léger polissage. Ce papier est fort employé pour couvrir les murs et les plafonds.

Les papiers de couleur sont employés pour l'ornement; celui dont on fait la plus grande consommation est le papier rouge, teint au moyen de vermillon ou du carthame. Le papier des cartes de visite est coloré avec cette dernière substance. Le papier à lettres est d'une qualité supérieure, comme les enveloppes; il porte divers dessins en impression monochrome et est souvent préparé à la cire — ce qui les rend brillant et moins absorbant.

Extrait du Catalogue de l'Exposition Universelle de Paris, 1878.

Notes sur la fabrication du papier du Kiangsi, par M. C. A. V. Bowra (Douane chinoise de Kiukiang)

La manufacture du papier dans la province du Kiangsi est une grande et croissante industrie. La quantité du papier expédiée de Kiukiang en 1898 atteint une valeur de 4,266,000 francs. Ceci ne représente que l'exportation faite par les bateaux européens, car il y en a, sans doute, une grande quantité transportée par les bateaux indigènes dans toutes les parties de la Chine. La consommation de cette commodité se fait presque entièrement dans l'Empire du Milieu ou dans les pays où les Chinois ont émigré.

Les Célestes font du papier un usage des plus variés. Ils s'en servent, par exemple, pour les fenêtres et les lanternes, où il remplace le verre dans fabrication des semelles de souliers, les parapluies qui sont faits avec du papier huilé, les images qui ne sont ni glacées, ni encadrées, mais collées sur des rouleaux de papier. Dans les cérémonies religieuses et dans les sacrifices, on brûle toute espèce d'articles en papier. Dans la papeterie et l'emballage, le papier prend aussi d'innombrables formes.

L'histoire de l'origine et du développement d'une denrée aussi importante ne saurait manquer d'être intéressante. Malheureusement ce sujet est encore obscur. Les Chinois attribuent la découverte du papier à un certain Tsai Lun, sujet semi-mythologique, mort, dit-on, en l'an 114 après Jésus-Christ. Cependant cette histoire ne peut être enregistrée que comme fable. Nous devons donc nous contenter de dire que, tandis qu'en Europe l'histoire de la découverte est affaiblie par l'obscurité du moyen âge, en Chine elle est perdue dans les brouillards de l'antiquité. A la Chine on attribue d'être la première à avoir inventé le papier et d'avoir précédé l'Europe non seulement par des années, mais par des siècles.

On fait usage de diverses plantes fibreuses pour la fabrication du papier. Le bambou et l'écorce du Ch'u — une espèce de mûrier, le Ch'u Sang *Broussonetia Papyrifera*, — sont les principaux matériaux dont on se sert dans le Kiangsi. Cette écorce se nomme Kou p'i, Kou étant un autre nom pour le même arbre. On le trouve principalement dans les provinces de la vice-royauté du Hukuang. Plusieurs des divisions de la province du Kiangsi comptent des manufactures de papier. Les plus grands moulins sont situés dans la préfecture, à l'est du Kuang-hsin-fu, limitrophe de la province du Chêhkiang. La proximité d'un cours d'eau rapide et clair, dans lequel les matériaux peuvent être trempés et amollis, est un point important dans le choix d'un emplacement pour la construction d'un moulin.

Le premier procédé de la fabrication est le trempage. La tige de la plante en question, après avoir trempé dans l'eau pendant quelques jours et étant bien amollie, on en détache l'écorce en la coupant ou en la foulant sous les pieds. C'est alors qu'arrangée en paquets on la fait bouillir dans de grands chaudrons pour en séparer la fibre du bois. Après quoi, étant mélangée avec de la chaux, on la pile avec un pilon à long manche jusqu'à ce qu'une pâte se forme. Un mois après, l'ayant fait bouillir de nouveau, elle est mise dans des sacs que l'on place dans une eau courante pour la débarrasser de la chaux. Cela fait, on expose au soleil jusqu'à ce que le tout soit complètement blanchi. Alors on pile dans un mortier de bois et l'on mélange, en parties égales, mêlées d'eau chaude, avec les cendres de la noix de Wu-t'ung, ou arbre à huile, et celles de bois. Le tout est battu jusqu'à ce qu'une liqueur visqueuse soit obtenue, laquelle, après avoir été réduite par une autre addition d'eau, est mise dans un grand tonneau. Dans les grands moulins il y a un fourneau à sécher à côtés unis près de ce grand tonneau. Dans les petits moulins, où l'on fabrique surtout du papier de qualité inférieure, le séchage se fait ordinairement sur une table unie. L'ouvrier trempe son moule ou tamis, lequel se compose souvent de joncs coupés en lanières étroites, dans le tonneau. L'eau, en passant à travers le moule, y laisse la pâte à papier. Le cadre du tamis est alors enlevé et appuyé contre une des parois du fourneau, ou bien placé sur la table. Quand le moule est enlevé la feuille de papier adhère à la surface. Ce dernier est enduit de colle de riz avant qu'il soit sec. C'est alors que l'on détache la feuille et que l'opération est ainsi terminée. La mode étant, en Chine, de n'écrire et de n'imprimer que sur un des côtés du papier seulement, celui-ci n'a qu'une surface unie.

Gouvernement Chinois. — Chungking.

N° du port.	
102	Moelle de l'*Aralia papyrifera*.
103	Papier, soi-disant papier de riz, qui n'est autre que la moelle déroulée de l'*Aralia papyrifera*.
104	Couteau et forme pour couper la moelle d'*Aralia papyrifera*.

Gouvernement Chinois. — Hankow.

417	Papier à dessin pour faire des habits qui sont brulés aux funérailles.
418	Papier à couleurs pour couvrir les boîtes de thé.
419, 421-422	— — pour faire des objets divers qui sont brûlés aux funérailles.
420	Papier peint en noir pour faire des vêtements portés par les mandarins dans les processions funéraires.
423-426	Papier fin, fait de paille de riz.
427	— grossier, fait d'écorce du murier.
428	— — — de paille de froment.
429	— — — de bambou et de vieux coton.
430	— — — de paille.
431	— — — de bambou.
432	— à lettre petit format.
433	— — grand —
434-435	— rouge pour cartes de visite.
436-437	Enveloppes.

Gouvernement Chinois. — Kiukiang.

187-190	Enveloppes à dépêches officielles.
191	— à lettres —
192-194	Papier rouge à pétitions.
195	— pour memorandum.
196	Cartes de visite.
197-203	Enveloppes à lettres.
204-205	Papier —
206	Cartes de visite officielles.
207-208	Papier à lettre, couleurs variées.
209-210	— pour les examens.
211-16,218 30	Enveloppes à lettres et dépêches.
217	Papier huilé.
231-245	— de quinze qualités différentes.
246	— rouge à figures dorées.
247	— — imitation feuilles d'or.
248	— — — d'argent.

N°s

249 Papier rouge imitation feuilles d'argent avec dessins.
250 — coloré.
251 — blanc.
252 — pour murs.
253 — pour lanternes.
254-255 — d'emballage.
256 — fin.

Gouvernement Chinois. — Soochow.

206-210 Papier d'impression, cinq qualités.

Gouvernement Chinois. — Swatow.

87 Modèle d'une manufacture de papier.
88-92 Échantillons de papier, cinq qualités.

Gouvernement Chinois. — Canton

666 Papier, 1re qualité.
667 — 2e —
668 — de coton.
669 — à lithographie.
670 — à enveloppes.
671 — huilé.
672 — allumettes.
673 — pour murs.

Gouvernement Chinois. — Pakhoi.

36 Papier, 2e qualité.

Gouvernement Chinois. — Szemao.

138 Papier du mûrier à papier fait dans les États « Shans ».
139 — fait à Szemao.
140 — pour service religieux.

CLASSE 89. — *Cuirs et peaux.*

Gouvernement Chinois. — Hankow.

438-439 Cuir de peau de mouton.
440 — d'âne.

Gouvernement Chinois. — Canton.

674 Cuir préparé pour malles.
675 — parchemin.

Gouvernement Chinois. — Pakhoi.

Nº du port.

47 Peaux de daims.

48 Cuir de bœuf.

Classe 91. — *Manufactures de tabacs et d'allumettes chimiques.*

Gouvernement Chinois — Hankow.

Nº du port.

440 Tabacs en feuilles.

441 Tabac préparé, coupé très fin, mélangé avec de l'huile de choux, noir et fort. (Fumé dans les pipes à eau.)

442 Tabac préparé, ressemblant à des feuilles brisées trempé d'une solution d'opium. (Fumé dans les pipes ordinaires par les personnes d'âge mûr.)

443 Tabac préparé, presque pulvérisé, arrosé d'huile de choux. (Fumé dans les pipes à eau.)

444 Tabac préparé, très grossier, sans mélange. (Fumé dans les pipes ordinaires, principalement par les femmes.)

445 Tabac préparé, feuilles très fines, blanchies avant d'être coupées. (Fumé dans les pipes à eau.)

446 Tabac préparé, presque pulvérisé, mélangé avec un peu d'arsenic. (Fumé dans les pipes à eau.)

447 Tabac préparé, coupé en petites bandelettes et moulé en bâtons pesant une once, sans mélange. (Fumé dans les pipes ordinaires, principalement par la classe pauvre.)

448 Tabac préparé, coupé très fin, mélangé avec de la poudre de safran bâtard et moulé en gâteaux. (Fumé dans les deux espèces de pipes.)

449 Tabac préparé, coupé fin et mélangé d'un peu d'arsenic. (Fumé dans les deux espèces de pipes.)

450 Tabac préparé, presque pulvérisé, mélangé d'un peu d'arsenic. (Fumé dans les pipes à eau.)

Siemssen et Krohn. — Foochow.

352 1 Boîte tabac préparé.

Gouvernement Chinois. — Canton.

676 Tabac à priser, trois qualités.

677 — préparé, — —

678 — en feuilles, trois —

Gouvernement Chinois. — Pakhoi.

N° du port

49 Tabac en feuilles.

Gouvernement Chinois. — Szemao.

141 Tabac en feuilles.

142 — préparé.

143 Cigares « Shans ».

QUINZIÈME GROUPE

Industries diverses.

CLASSE 92. — *Papeterie.*

Encres. — L'encre chinoise est toujours en bâtons formés de noir de fumée et de colle. La meilleure est fabriquée à Hweichow-fu, dans la province d'Anhwei. On l'obtient en brûlant dans de longs fours des branches de pin, dont l'épaisse fumée se condense sur les parois éloignées du foyer. Autrefois on se servait d'huile de pétrole pour obtenir une qualité supérieure de noir. Aujourd'hui on fabrique à Hankow et à Shanghai d'assez grandes quantités d'encre ordinaire, en brûlant de la graisse de porc ou des huiles communes. Le noir, étant soigneusement tamisé, est mélangé en parties égales à la colle. La plus estimée est faite d'eau de riz et de gélatine provenant de la coction de cornes de cerf; mais on se sert le plus souvent de colle forte ou de colle de poisson. De l'ambre, du musc ou du camphre, ajoutés au mélange, donnent à l'encre ce parfum particulier qui la fait reconnaître comme vraie. Le mélange ayant été fortement battu et malaxé est pressé dans des moules de bois, où il prend la forme voulue. On sèche ensuite les pains en les plaçant, préalablement enveloppés de papier fin, dans un mélange de cendres de bois et de chaux pulvérulente ou dans une étuve. Les meilleures qualités d'encre sont en bâtons assez petits; ils doivent présenter un reflet brunâtre et une assez grande densité; ils durcissent et prennent du prix en vieillissant.

L'encre à timbrer, dont on se sert beaucoup en Chine, est faite de vermillon broyé avec l'huile de ricin.

Couleurs. — Les Chinois se servent aujourd'hui de beaucoup de couleurs étrangères, bien qu'ils possèdent aussi de fort belles couleurs indigènes. Parmi les couleurs minérales, nous citerons l'orpiment, l'oxyde et l'acétate de cuivre, les oxydes de fer, le vermillon, le bleu de cobalt, le blanc de plomb, etc. Le vermillon est fort renommé et se fabrique à Canton, ainsi que le bleu de Prusse. La province de Fukien fournit le meilleur. On l'obtient en mélangeant deux livres de soufre à une livre de mercure et en sublimant le mélange. Les cristaux ainsi obtenus sont réduits en poudre fine, la poudre est lévigée, puis séchée sur des toiles. Yunnan-fu au Yunnan et Taiping-fu dans l'Anhwei en fournissent de grandes quantités; Hankow exporte une qualité inférieure. Le bleu de Prusse est fabriqué d'après les anciens procédés européens que les Chinois apprirent des Hollandais. Le minium et le massicot sont fabriqués par la combustion du plomb. La céruse ou blanc de plomb est fabriquée dans la province de Kwangtung, au Chehkiang et au Chihli, en faisant réagir du vinaigre sur des tubes de plomb renfermés dans un tonneau, lequel est placé dans une grande jarre remplie de cendres chaudes. Les couleurs végétales les plus employées sont le safran, le curcuma, le carthame, la garance, le vert de Chine.

Extrait du Catalogue de l'Exposition Universelle de Paris, 1878.

Gouvernement Chinois. — Shanghai.

N°s au port.

497 1 Boite. Couleurs pour aquarelle.
498 1 — à encre en métal blanc gravé.
499 1 Presse-papier — — —
500 1 Porte-pinceaux — — —
501 1 Plateau — — pour pinceaux et encre.

Gouvernement Chinois. — Soochow.

211 11 Échantillons d'encre de Chine, qualités et genres divers.
212-215 4 Boites. Encre de Chine.

Gouvernement Chinois. — Ningpo.

319-352 34 Qualités. Encre de Chine.

Gouvernement Chinois. — Canton.

679 4 Plateaux en pierre, pour étendre l'encre.
680 1 — — — — couvercle en bois.
681 3 Encriers en métal.
682 1 Étui à pinceau en métal.
683 4 Brosses à humecter l'encre.
684 1 Pot à eau en pierre de lard avec support; plaque de cuivre.
685 5 Morceaux de soie (qu'on imbibe d'encre et sur lesquels on passe le pinceau avant d'écrire).
686 10 Bâtons d'encre de Chine noire.
687 1 — — — rouge.
688 5 Pinceaux en bois; grand modèle, pour écrire les caractères gros.
689 13 Pinceaux en bois; petit modèle.
690 25 Crayons à dessin.
691 1 Collection de 60 bouteilles de couleurs pour peindre à l'eau ou à l'huile[1].

N° du cat.

Spécimens de :

691a Cartes de mariage et enveloppes.

691b Papier, cartes, enveloppes de deuil.

691c — pour écrire des pétitions (peuple à mandarin).

691d — — — — (mandarin à mandarin).

691e — de composition pour grands examens.

691f — — pour écoliers.

691g Cartes de visite, visites officielles.

691h — d'invitation à dîner.

691i — de visite.

691j Papier écolier pour tracer des caractères.

691k Enveloppes de lettres officielles. Fonctionnaires de 1re, 2e, 3e classe.

691l Enveloppes de lettres officiers de 1er, 3e rang.

691m — d'affaires.

691n — décorées.

691o Papier à lettres, grand et petit format.

691p Lettres de faire-part, mort.

691q — mariage.

691r Album de fiançailles, pour écrire la liste des cadeaux (fiancée à fiancé).

691s Album de fiançailles, pour écrire la liste des cadeaux (fiancé à fiancée).

691t Ornements pour mariage, décoration des murs.

691u Décorations pour les cadeaux de mariage.

691v Étiquettes de commerce.

691w — pour pièces de soie.

691x Papier de lanterne.

691y — noir employé pour la médecine.

691z Papier de riz.

Gouvernement Chinois. — Szemao.

146 Crayon employé par les « Shans » pour écrire.

Classe 93. — *Coutellerie.*

Gouvernement Chinois. — Hankow.

451-460 10 Ciseaux.

461-462 Instruments dont on se sert pour raccommoder la vaisselle, avec plusieurs spécimens de vaisselle raccommodée. Les Chinois sont très habiles pour rac-

N° du port.

commoder les objets de porcelaine, de verre, etc. Cette profession est le gagne-pain d'un grand nombre d'hommes.

Gouvernement Chinois. — Shanghai.

502 3 Rasoirs.
503 1 Couperet de cuisine.
504 2 Couteaux —
505 1 Couteau de marchand de papier.
506 1 — de tanneur.
507 3 Couperets de charcutier.
508 2 Couteaux de fourreur.
509 10 Ciseaux de tailleur, à broder, etc.
510 1 — à élaguer
511 1 — de marchand de fruits.
512 1 — d'orfèvre.
513 2 Pinces à épiler.

Gouvernement Chinois. — Canton.

692 3 Couteaux en fer pour couper la viande.
693 1 — pour couper le cuir.
694 1 — à fruits.
695 1 — « Kouan To » (le roi de guerre).
696 3 — à manches de corne,
697 4 — — de bois.
698 2 — — — pour emballeur.
699 7 Paires de ciseaux.
700 1 Rasoir.
701 1 Couteau pour couper la canne à sucre.
702 1 — pour racler les cornes de daim.
703 1 — pour aiguiser les rasoirs chinois.
704 1 — pour couper les melons.
705 3 Marteaux en acier.
706 1 Couteau à châtaignes.
707 1 — pour couper les plumes de canard.
708 1 — — la cannelle.
709-710 2 — — la monnaie.
711 3 — en cuivre.

Gouvernement Chinois. — Kiungchow.

33 Couteaux des aborigènes « Li ».

CLASSE 94. — *Orfèvrerie.*

Tant au point de vue industriel et commercial qu'au point de vue de l'art, en fait d'orfèvrerie, la fabrication des émaux dits cloisonnés occupe en Chine le premier rang. Le nom chinois et mandchou de ces articles « fa lan », et la date des plus anciens, semblent indiquer qu'ils furent importés en Chine par les missionnaires jésuites. C'est qu'en effet on trouve en Chine non seulement l'émail cloisonné, mais encore l'émail uni sur cuivre, en tout pareil à certains émaux de Limoges.

Les cloisonnés proprement dits n'appartiennent pas à la classe des émaux dits champlevé, dont les compartiments ou cloisons sont obtenus en gravant le métal en creux. Voici comment on procède à Peking, qui est le centre de cette industrie. Sur le vase ou objet en cuivre qu'on veut émailler on trace à la pointe le dessin voulu, généralement des arabesques ou des fleurs. On applique ensuite de champ sur ce dessin un mince ruban de cuivre, maintenu en place au moyen de résine fondue. On saupoudre ensuite les points de contact avec de la limaille de soudure d'argent, et on expose l'objet enfermé dans un manchon de fer à un feu de charbon de bois. La soudure étant ainsi obtenue on applique l'émail. Cet émail est exclusivement fabriqué à Poshan-hien, au Shantung, par quelques familles qui possèdent le secret des couleurs, dont plusieurs sont aujourd'hui perdues, entre autres les rouges, jaunes et bleus du temps des Ming. L'émail, réduit en poudre très fine par le broyage et la lévigation, est mélangé à une eau rendue mucilagineuse par l'addition de colle de riz. On applique dans les cloisons cette pâte d'émail, au moyen d'un pinceau ; puis, après avoir séché le tout au moyen d'une douce température, on soumet la pièce, renfermée dans une enveloppe de fer, à une température élevée qui fond l'émail. Lorsque, par des retouches, on a bien rempli toutes les cavités, on unit la surface avec une lime, puis avec une pierre de grès. On procède alors au polissage et à la dorure au mercure des parties apparentes en cuivre. Quelques fabricants ont même appris d'un de nos missionnaires le procédé de la dorure à la pile.

A Foochow et surtout à Kiungchow, dans l'île de Hainan, on fabrique des boîtes et de charmants objets en argent recouverts par places d'une mince couche d'émail semi-transparent, généralement de couleur bleue ou violette.

A Canton, les orfèvres indigènes travaillent l'argent au repoussé et fabriquent aussi à des prix très modérés des coupes, vases, boîtes et autres objets de formes étrangères, mais ornés de dessins chinois. On y fabrique aussi des fleurs et ornements en filigrane d'argent, travaux pour lesquels le port de Kiukiang est aussi renommé. Kiungchow, dans l'île de Hainan a la spécialité d'objets en noix de coco doublés d'argent ou d'étain.

(*Extrait du Catalogue de l'Exposition Universelle de Paris, 1878.*)

Magasin d'Antiquités Yung Chen Chai, de Pekin

N° du port.

234 1 Vase émaillé, dessin d'une chasse étrangère. Kanghsi.

235 1 Théière mongole émaillée (3 rangées). Chien Lung.

236 1 Panneau émaillé, copie d'un tableau étranger. Kanghsi.

237 1 Bol émaillé, jaune, avec dragon coloré. Chien Lung.

319 1 Vase cloisonné, large, à six anneaux et deux anses, Chien Lung.

N° du port.

320-321 2 Lampes forme de pêche, cloisonnées Chien Lung.
322 1 Grand vase, cloisonné, 2 anses. Dynastie Ming.
323 1 — carré. —
324 1 Brûleur d'encens, cloisonné. Chien Lung.
325-326 2 Bougeoirs — — 1 service.
327-328 2 Vases cloisonnés — — —
329 1 Brûleur d'encens, cloisonné. Dynastie Ming.
330 1 Vase carré — —
331 1 — cloisonné, avec 2 anses au goulot. Chien-Lung.
332 1 — Dynastie Ming.
333 1 Panier à fleurs, cloisonné. Dynastie Ming.
334 1 Boite à timbre, cloisonnée, ronde. Dynastie Ming.
335 1 Brûleur d'encens, cloisonné, avec couvercle. Dynastie Chien Lung.
336 1 Fourneau pour houille, cloisonné à 3 pieds. Chien Lung.
386-387 2 Lions en cloisonné moderne.
388-389 2 Brûleurs d'encens, en cloisonné moderne, forme citron

Gouvernement Chinois. — Tientsin.

1 1 Grand vase en cloisonné, fond bleu, avec pêches.
2 1 — avec pied. Dyn. Chien Lung.
3 1 — fleur et papillon.
4 1 Carafe à eau
5 1 Vase — bleu foncé.
6 1 Plat fond bleu foncé, fleur de lotus.
7 2 Vases — fond noir.
8 1 Bol — forme poisson, avec pied forme dragon doré.
9 1 Grand plat en cloisonné, rose et bleu.
10 1 Petit — — couleurs variées.
11 1 Bol — forme allongée.
12 2 Vases — bleu clair et noir.
13 2 — couleurs variées.
14 1 Grand brûle-parfums en cloisonné.
15 1 Petit — —
16 1 Théière —
17 2 Presse-papiers —
18 1 Bol —
19 6 Cendriers —
20 2 — — forme allongée.
21 2 Petits vases —
22 2 Manches pour ombrelles —
23 10 Ronds de serviettes —

N[illegible]		
24	1	Boîte d'objets montrant les procédés de la fabrication des cloisonnés.
25	1	Boucle en cloisonné, doré, bleu pale.
26	1	Bonbonnière en cloisonné.

Gouvernement Chinois. — Kiukiang

257	1	Plateau en argent, oblong.
258	1	— — carré.
259-260	2	— ronds.
261	4	Pièces. Service à thé, carré, en argent martelé.
262	4	— — en argent, forme de melon.
263	4	— — ronde.
264	4	— — — hexagonale.
265	1	Carafe en argent.
266	2	Chandeliers en argent, à deux branches.
267	2	— —
268-276	11	Cadres —
277	2	Plateaux —
278	5	Pièces. Service à thé, forme ronde, en argent.
279	5	— — hexagonale, en argent.
280	10	Bols en argent.
281	10	Gobelets
282	2	Plateaux — pour cartes.
283	2	Chandeliers
284	12	Broches —
285	12	Cuillers à thé —
286-288	4	Boucles de ceinture en argent.
289	2	Ronds de serviette —
290-291	6	Porte-allumettes —
292-293	4	Poivrières —
294-295	4	Salières —

Siemssen et Krohn. — Foochow

354	Collection de 81 objets en argent

Gouvernement Chinois. — Canton

712	2	Chandeliers en cuivre émaillé.
713	1	Brûle-parfums —
714	2	Porte-éventails —
715	2	Lampes
716	4	Plateaux à opium
717	1	Boîte à cloisons

N° du port.

718 1 Collection de boutons en cuivre émaillé.
719 10 Tasses —
720 2 Étuis à cigares —
721 4 Cendriers —
722 6 Soucoupes (fond blanc) —
723 6 — (— jaune) —
724 6 Cendriers (— vert) —
725 6 Cuillers et soucoupes bleues —
726 12 Tasses à vin, deux grandeurs, bleues, émaillées.
727 6 — à thé avec soucoupes — —
728 2 Vases émaillés.
729 1 Bateau en argent.
730 1 Coquille, monture argent, forme papillon.
731 2 — — —
732 1 Ceinture en argent.
733 Accessoires de fumeur d'opium en argent.
734 2 Bougeoirs —
735 2 Bracelets —
736 1 Chaise à porteurs, avec dessus —
737 1 — — sans — —
738 1 Écran avec jade.
739 2 Salières, forme souliers
740 2 Cendriers —
741 2 Chandeliers —
742 1 Pompe à incendie
743 1 Dévidoir (pour la soie) —
744-745 2 Supports pour menus —
746 1 Pipe à eau —
747 1 Pagode poivrière —
748 1 Encrier —
749 1 Observatoire (tour —
750-751 2 Bateaux —
752 1 Corbeille —
753-754 4 Paniers avec figures
755 1 Cabane de pêcheur
756 1 Broche —
757 1 Maison chinoise, pot à moutarde —
758 1 Brouette —
759 1 Étui à cigarettes —
760 1 Jonque chinoise (croiseur —

Tak Shang. — Canton

Numéros			
761	1	Étui à cigarettes	en argent.
762	1	Encrier	—
763	1	Porte-pinceau	—
764	1	Plateau	—
765	1	pour cartes de visite	—
766	1	Jarre à biscuits	—
767	1	Armoire-étagère	—
768	2	Vases	—
769	1	Chaise	—
770	2	Jardinières	—
771	2	Cendriers	—
772	1	Pot à moutarde	—
773	1	Étui à cartes	—
774	2	Boucles	—
775-776	6	Cuillers à sucre	—
777-779	8	— à thé	—

Gouvernement Chinois. — Kiungchow

34	2	Ronds de serviette	en argent	émaillé.
35	2	Coupes à vin	—	—
36	12	Couteaux	—	—
37	6	Boîtes	—	—
38	12	Salières	—	—

Gouvernement Chinois. — Mengtz

11	2	Boîtes en cuivre, émaillées et incrustées d'argent, qualité supérieure.
12-16	10	Boîtes en cuivre, émaillées et incrustées d'argent, qualité ordinaire.
17	2	Boîtes à plumes

CLASSE 95. — *Joaillerie et bijouterie.*

Les bijoux ne sont pas en Chine la propriété exclusive des femmes ; les hommes en portent aussi. Le fermoir de leur ceinture est souvent en métal précieux enchâssé de jade ou de quelque autre pierre de prix. Ils portent aussi aux doigts, et particulièrement au pouce, des bagues en pierres précieuses ou en bois odorant incrusté d'or ou d'argent. Une perle ou une pierre précieuse polie ou taillée en cabochon orne souvent le devant du chapeau. L'étui à lunettes, qui sont elles-mêmes en cristal de roche blanc ou fumé, la bourse, le porte-montre et le porte-éventail sont souvent brodés en perles et en grains de corail. Les élégants portent aussi des bracelets en bois ou en métaux précieux ; mais les plus estimés sont ceux qui sont formés d'un seul morceau de jade vert-clair. La bouteille-tabatière des riches est taillée dans un seul morceau de cristal de roche blanc ou d'améthyste, d'agathe ou de cornaline, dans le jade ou l'onyx. On en trouve aussi en jaspe et en lapis-lazuli. Le bouchon est orné d'une perle, de corail, de malachite ou de grenats, enchâssés dans l'or ou l'argent. On porte aussi à la boutonnière, suspendus à une chaîne d'argent, de petits instruments de même métal consistant en cure-dents, cure-oreilles, cure-ongles et peigne à moustaches. Les jeunes garçons portent aussi quelquefois une ou deux boucles d'oreilles en argent.

Les femmes portent quantité de bijoux, aiguilles à cheveux, lourds pendants d'oreilles, bracelets massifs en or et en argent, ciselés ou émaillés. Aux doigts, elles portent des bagues plus lourdes que jolies, et protègent leurs longs ongles par des doigtiers de métal précieux.

On fabrique à Canton quantité d'objets et de bijoux en or ou en argent ciselé ou repoussé. La plupart de ces bijoux, destinés aux étrangers, consistent en broches, pendants d'oreilles, colliers, bagues et bracelets, porte-cartes, etc. Ils sont ornés de jolis médaillons finement sculptés dans l'ivoire, l'ambre, le santal, la nacre de perle, le corail, toutes choses importées de l'Inde et des îles Philippines; l'écaille vient de Formose. On emploie aussi pour ces bijoux une sorte de matière jaune ressemblant fort à l'ambre, et qui n'est autre que la partie supérieure du bec d'une grue. A Foochow et à Ningpo on fabrique aussi nombre de bijoux pour l'exportation, et on les orne de fines mosaïques bleues faites avec les plumes de deux variétés de martin-pêcheur. *Alcedo hispida* et *A. Bengalensis*.

On peut faire fabriquer sur commande toutes sortes de bijoux, en versant de 18 à 25 0/0 d'avances sur le poids, suivant la quantité de travail que demande l'ornement : la main d'œuvre chinoise étant fort bon marché, on peut obtenir ainsi des bijoux à un prix très raisonnable. Seulement il faut remarquer que tous les bijoux en or, et souvent ceux en argent n'ont pas d'alliage, et cela par une loi de l'empire : aussi paraissent-ils plus chers, à volume égal, que les mêmes bijoux de facture européenne. Étant aussi plus mous, ils s'usent et se rayent plus vite.

(*Extrait du Catalogue de l'Exposition Universelle de Paris. 1878.*)

Gouvernement Chinois. — Shanghai.

N° du port

514 — 5 Paires de bracelets, imitation argent.

Gouvernement Chinois. — Foochow.

140 — 2 Epingles pour cheveux, montées avec plumes de martin-pêcheur.

141-142 — 2 Ornements de tête pour femmes, montés avec plumes de martin-pêcheur.

143 — 1 Ornement de tête pour femme, monté avec perles.

144 — 1 — pour coiffure, monté avec plumes de martin-pêcheur.

145 — 2 Epingles-papillons émaillées, montées avec plumes de martin-pêcheur.

146 — 2 Bandes pour la cheville du pied, en argent doré.

147 — 6 Ongles-protecteurs. —

Nos

148-149 4 Epingles papillons montées avec pierres de jade et plumes de martin-pêcheur.
150-151 4 Epingles pour cheveux montées avec plumes de martin-pêcheur.
152 1 Epingle longue montée avec jade et plumes de martin-pêcheur.
153 1 Epingle longue pour cheveux.
154-155 4 Epingles émaillées.
156-160 12 — montées avec perles et plumes de martin-pêcheur.
161 1 Anneau pour cou avec médaillon, en argent.
162 2 Epingles phénix montées avec plumes de martin-pêcheur.
163 1 Ornement de tête pour femme : 3 épingles, 2 boucles-d'oreilles et un support pour cheveux, en argent.

Gouvernement Chinois. — Canton.

780 7 Bracelets en verre.
780 *bis* 3 Paires de lunettes en verre.
781 Perles fausses.
781 *bis* 3 Paires de lunettes en cristal.
782 1 Collier de noyaux de pêches sculptés.

Gouvernement Chinois. — Kiungchow.

39 48 Broches assorties en argent et décorées avec plumes de martin-pêcheur.
40 36 Bracelets de grandeur différente.
40 *a* 1 Ornement en argent émaillé, pour enfants.
40 *b*-40 *c* 14 Ornements — — pour chapeaux d'enfants.
40 *d* 4 Epingles à cheveux incrustées avec des plumes de martin-pêcheur.
40 *e* 10 Epingles à cheveux en argent.

Gouvernement Chinois. — Szemao

148 1 Ornement de tête en argent.
149 2 Bracelets en argent.

CLASSE 96. — *Horlogerie.*

Gouvernement Chinois — Canton

N° du port.

783 Collection d'instruments d'horlogerie.

CLASSE 97. — *Bronze, fonte et ferronnerie d'art. — Métaux repoussés.*

Les Chinois ont, de bonne heure, atteint la perfection en fait de bronzes fondus ou ciselés. Mais cet art est maintenant tombé dans la décadence; on a même, dit-on, perdu le secret de fondre les grandes pièces et de fabriquer les vases de bronze niellés d'argent. Aussi les vases, brûle-parfums et autres ornements de bronze antique sont-ils aujourd'hui fort recherchés, tant par les Chinois eux-mêmes que les étrangers, qui les paient le plus souvent des prix fabuleux et calculés en raison directe de leur antiquité. Aussi les Chinois se sont-ils donné la peine de publier, en un gros livre illustré en seize volumes (le Po-ku t'u), l'histoire des vases sacrés de la dynastie antique des Shang, de 1756 à 1112 avant Jésus-Christ. Les plus beaux de ces vases, dont on possède encore quelques échantillons, furent, dit-on, fondus sous le premier empereur des Shang; ils ont donc près de 3,500 ans d'âge. C'est dans les pagodes et chez les grands que l'on trouve ces remarquables spécimens de l'art antique, qui n'apparaissent que fort rarement dans les boutiques des marchands.

Les voyageurs qui ont visité Pékin et ses environs ont pu admirer, dans les ruines du palais d'été, de forts beaux lions et une vache de bronze, et aussi une pagode, dont les poutres, portes, fenêtres, etc., sont entièrement faites de ce métal. Dans un temple, près de là, se trouve une magnifique cloche en bronze de quinze pieds de hauteur sur quatorze de diamètre, et pesant environ cinquante-trois tonnes. Cette cloche, véritable chef-d'œuvre, est la plus grosse cloche suspendue que l'on connaisse. Elle fut fondue sous l'empereur Yunglo, des Ming (1403-1425). Mais ce qui est surtout remarquable et montre bien la perfection avec laquelle les artistes avaient su préparer leur moule, c'est que ce monument de bronze est recouvert en entier, tant à l'intérieur qu'à l'extérieur, d'environ quatre-vingt mille caractères chinois et thibétains représentant le texte entier d'un ouvrage de liturgie bouddhique. On trouve encore à Pékin quatre autres cloches à peu près les mêmes dimensions et fondues à la même époque.

L'observatoire de Pékin possède aussi des merveilles en fait de bronze; l'un des instruments, formé d'une sphère armillaire soutenue par des dragons, d'un ciselé achevé, date de la fin du treizième siècle (1279). Ces instruments, peu exacts, furent remplacés au dix-septième siècle, sous le règne de Kang-hsi (1662-1722), par d'autres plus exacts, fondus sous la direction des Jésuites, et supportés par des dragons, qui sont de véritables œuvres d'art. Aujourd'hui les Chinois se contentent d'imiter leurs anciens bronzes, et y réussissent suffisamment pour les vendre à prix d'or aux collectionneurs tant chinois qu'étrangers.

Extrait du Catalogue de l'Exposition Universelle de Paris, 1878.

Magasin d'Antiquités Yung Chen Chai de Pékin.

N° du port.

337 1 Vase en bronze ancien, deux anses, dessins en or et argent. Dynastie Sung.

Nos		
338	1	Vase carré, vieux bronze, avec couvercle. Dynastie Sung.
339	1	Pot à thé, vieux bronze, dessins en or et argent. Dynastie Sung.
340	1	Pot à fleurs antique, en fer, enchassé. Dynastie Sung.
341	1	Brûleur d'encens, bronze ancien, petit. Dynastie Ming.
342	1	Buffle en bronze ancien portant un vase —
343	1	Brûleur d'encens, vieux bronze, enchassé. Dynastie Han.
344	1	Brûleur d'encens, vieux bronze, dessins dorés et argentés, couvercle en bois. Dynastie Ming.
345	1	Boîte avec couvercle en bronze ancien. Dynastie Ming
346	1	Phénix en bronze ancien, doré —
347	1	Bassin — — large. —
348	1	Brûleur d'encens, vieux bronze, large. —
349-350	2	Chandeliers en vieux bronze. Dynastie Ming.
351-352	2	Vases, vieux bronze, larges. —
353	1	Brûleur d'encens, petit. Dynastie Ming. Bronze ancien.
354-355	2	Chandeliers en bronze ancien, petits. Dynastie Ming.
356-357	2	Vases en bronze ancien, petits. Dynastie Ming.
358	1	Vase en cuivre doré, enchassé. Chien Lung.
359	1	— en bronze antique avec couvercle, enchassé. Dynastie Ming.

CLASSE 98. — *Brosserie, maroquinerie, tabletterie et vannerie.*

La maroquinerie chinoise se réduit à quelques objets en cuir, dont les plus communs sont le porte-cartes, sorte de portefeuilles souvent en cuir de Russie, rouge ou vert, avec des dessins imprimés en or; puis viennent les blagues à tabac avec ou sans briquet, les étuis à pipe ou à montre. De petits oreillers en rotin, recouverts de cuir imprimé, sont très employés à Canton.

La tabletterie, au contraire, est fort développée, surtout à Canton, où son fabrique mille objets en nacre ou en ivoire avec un fini incroyable et une patience dont les Chinois semblent seuls avoir le secret. Tout le monde connaît ces chefs-d'œuvre de leur patiente industrie, qui consistent en boules concentriques et libres, sculptées à jour dans un seul morceau d'ivoire et dont le nombre va de trois à vingt. Les plus grosses ne demandent pas moins de trois mois de travail et valent jusqu'à trente piastres. Puis viennent des gourdes qui, [illegible], soutenant une fine chaîne travaillée dans le même morceau. Mais ces merveilles de patience sont fort surpassées au point de vue de l'art, par les bouquets de fleurs, les groupes d'insectes, d'animaux ou de figurines qui ornent les coffrets, les boîtes à gants, manches d'éventail, etc., etc., que les Cantonnais savent sculpter dans l'ivoire, le santal et l'écaille, avec une délicatesse de touche et une finesse de ciselé inimitables. Mille objets de formes étrangères sont aussi fabriqués à Canton sur commande, vu le bon marché de la main-d'œuvre, parmi ces objets, nous citerons les coffrets, ronds de serviettes, manches de brosses, d'ombrelles, les cadres pour miroirs ou photographies etc., etc.

Canton est aussi célèbre pour ses laques fond noir à dessins d'or. Foochow a plutôt la spécialité des laques colorées ou à fond brun ou vermillon ; ces dernières sont surtout remarquables par la sobriété et le goût avec lesquels elles sont ornées. Depuis quelques années, les Anglais de Canton font fabriquer de charmants meubles, en laque noire ou brune, ornés de mousses ou de feuilles de fougères en or, admirablement copiées sur nature et d'un effet fort agréable. La vannerie et la sparterie fine sont représentées par de petits paniers en bambou ou rotin finement tissés.

Pékin a eu longtemps la spécialité des objets en laque rouge et verte profondément gravée : les vieilles laques de ce genre ont une grande valeur.

(*Extrait du Catalogue de l'Exposition Universelle de Paris*, 1878.)

Magasin d'Antiquités Yung Chen Chai, de Pékin.

N° du port.		
363	1	Pot à fleurs en bois laqué noir et rouge, sculpté.
364-365	2	Bonbonnières — — sculptées.
366-367	2	Boites rondes — — —
368	1	Boîte hexagone en bois laqué, sculptée.
369	1	Vase carré — — sculpté.
370-373	4	Boîtes rondes — — sculptées.
374-375	2	— forme pêches en bois laqué, sculptées.
379	1	Appuie-mains en ivoire sculpté (18 Bouddahs).
380	1	— — (muguets).
381	1	— — — (paysage).
382	1	Plateau — — (fleurs et insectes).
383	1	Ornement en bambou — (figures et bateaux).
384	1	Boite à pinceaux en bambou sculpté (fleurs de lotus).
385	1	Corbeille à fleurs en corne de rhinocéros, sculptée.
390-391	2	Boîtes à papier incrustées de jade. Dynastie Chien Lung.
423	3	Coupes à vin en bois dur sculpté. Dynastie Chien Lung.

Gouvernement Chinois. — Chungking.

105-108	4	Boîtes en bambou.
109-112	4	Vases.
113-115	3	paquets baguettes en bambou.
116-119	4	Etuis en bambou pour baguettes.
123-129	5	Plateaux en bambou.

Gouvernement Chinois. — Hankow.

463	2	Vases en papier mâché, grands.

Nos du cat.		
464	2	Vases en papier mâché, petits.
465	2	Bols — — avec couvercles.
466	2	Boîtes — —
467	4	Vases — —
468-469	4	Boîtes — —
470-471	6	Porte-chapeaux en papier mâché.
472	2	Tasses et soucoupes en papier mâché.
473	2	Boîtes en papier mâché.
474	2	Vases — —
475	2	Urnes — —
476-477	2	Boîtes — —
478	1	Vase —
479-480	2	Pipes à eau en cuivre.
481-486	6	— — en métal blanc.
487-489-492	3	Pipes en bambou.
488	1	Pipe en métal blanc.
490-491	2	Pipes en ébène.
493	1	Pipe en cuivre.
494	6	Corbeilles faites de la tige de jute.
495	4	Paniers en bambou.
496-515		Collection de brosses à habits, brosses à souliers, brosses à cheveux, etc.

Gouvernement Chinois. — Shanghai.

515	1	Petit nécessaire de voyage de fumeur d'opium, en métal blanc.
516	1	Chaufferette à main, en métal blanc.
517	1	Lampe de voyage de fumeur d'opium, en métal blanc.
518	1	Brûle-parfums en métal blanc.
519	3	Fourneaux de pipes à opium avec pieds, en métal blanc.
520	1	Boîte à tabac en métal blanc.
521	1	— à opium — —
522	4	Pieds pour tasses à thé, en métal blanc.
523-528	6	Pipes à eau en métal blanc.
529	1	Tasse avec crachoir pour fumeur d'opium, en métal blanc.
530	2	Grattoirs pour pipe à opium.
531-534	4	Plateaux en bambou.
535	1	Ciseau —
536	1	Étui à lunettes en bambou.
537-538	2	Étuis — pour plumes de mandarins.
539	1	Jeu —

N° du port

540 1 Marqueur en bambou.
541 1 Appuie-main —
542 1 Etui à aiguilles
543 1 Coupe-papier —
544 1 Etui pour coupe-papier en bambou.
545 1 Presse-papier —
546-547 2 Carquois —
548-554 7 Vases porte-pinceaux —
555 1 Boîte à cachets —
556 1 — pour collier de mandarin.
557 1 Petit nécessaire de toilette pour femme.

Gouvernement Chinois. — Wènchow.

129-130 2 Séries de douze plateaux en bois de rose, avec incrustation de bambous découpés.

Gouvernement Chinois. — Foochow.

235-240 6 Plateaux en bois laqué et doré.
241-244 4 Boîtes à ouvrage en bois laqué et doré.
245-250 6 — — — — — avec boîtes en étain gravé à l'intérieur.
251-258 8 Plateaux pour cartes de visite, en bois laqué et doré
259 2 Pieds pour cadres — —
260 2 Cadres — —
261-263 6 Vases — —
264-269 6 Boîtes porte-cartes — —
270-271 4 Vases forme losange — —
272-277 6 Boîtes à cigarettes en bois laqué.
278-289 12 Etuis pour cartes de visite, en bois laqué.
290-292 3 Presse-papier en bois laqué surmonté d'un dragon doré.

I King Wa Cheong. — Canton.

155-157 3 Boîtes à ouvrage, laquées.
158-165 8 — à thé —
166-171 6 — à cigares —
172-173 2 — à bijoux

Gouvernement Chinois. — Canton.

784 1 Corbeille à grain, en bambou.
785 1 — à habit, —
786 1 Panier de voyage, —
787-788 2 — pour transporter la nourriture, —

N°			
789	1	Panier à poissons,	en bambou.
790	1	— pour le marché,	—
791	1	— à riz,	—
792	1	— pour chat,	—
793	1	— pour poulet,	—
794-795	2	— à argent,	—
796	1	— à grenouilles,	—
797	1	— à pâtisserie,	—
798	1	— à viande,	—
799	1	— à vieux papiers,	—
800	1	— à graines,	—
801	1	— à cocons de soie,	—
802	1	— à graines d'oiseaux,	—
803	1	— à feuilles de thé,	—
804	1	— pour mèches de lampes,	—
805	1	— à ouvrage, pour dames,	—
806	1	— pour attraper les petites couleuvres,	—
807	1	Panier à poisson,	—
808	1	— à haricots,	—
809	1	— à ordures,	—
810	1	— à jouets,	—
811	1	— à cigales,	—
812	1	— à sauterelles,	—
813	1	Coussin,	—
814	1	Cage à grillons,	—
815	1	Réchaud (avec couvercle pour garder la vapeur),	—
816	1	Nasse à poissons,	—
817	1	— à crevettes,	—
818	1	— à cancrelats,	—
819	1	Piège à grillons,	—
820	1	Cage à grillons,	—
821	1	Dévidoir pour les fils de coton,	—
822	1	Couvercle de jarre,	—
823	1	Crible pour le riz,	—
824	1	Corbeille, pour le riz,	—
825	1	Paire de cribles employés par les droguistes,	—
826	1	Crible pour le sable,	—
827	1	Plateau pour mettre l'argent,	—
828	2	Carcasses de lanternes,	—
829	2	Supports de pinceaux (pour écrire),	—

N° du port.			
830	1	Boîte à tabac,	en bambou
831	1	Boîte pour jouer aux dominos et un jeu de dominos,	—
832	1	Boîte de dés,	—
833	1	Encrier,	—
834	1	Epuisette,	—
835	1	Cuiller à semences,	—
836	1	— à vermicelle,	—
837	1	Support de jarre à vin,	—
838	1	— — à huile,	
839	1	Dessus de chaise ordinaire,	—
840	1	— — pliant,	—
841	1	Cuvette,	—
842	1	Pipe à eau,	—
843-844	2	Lampes,	—
845	1	Lot de cannes,	—
846	3	Brosses,	—
847	1	Brosse à peigne et cinq peignes,	—
848	1	Echantillon de natte à jours (pour garantir du soleil),	—
849	1	Lot de baguettes pour dire la bonne aventure,	—
850	2	Lots de bâtons pour manger, qualité ordinaire,	—
851	2	Lots de bâtons pour manger, qualité supérieure,	—
852	1	Paquet d'étiquettes,	—
853	1	Tige en bambou (pour se gratter le dos),	—
854	2	Oreillers,	—
855	1	Lot de baguettes pour les brûle-parfums,	—
856	1	Bouteille de copeaux,	—
857	2	Nattes,	—
858	1	Bâton à porter les fardeaux,	—
859	3	Rapes,	—
860	1	Balai,	—
861	1	Bouteille de feuilles,	—
862	1	Lot de rouleaux de cordes,	—
863	1	Piège et cage,	—
864	2	Pots à vin,	—
865	3	Tasses à vin,	—
866	2	Porte-fardeaux et leur perche,	—
867	1	Collection de cannes,	—
868	1	Paire d'enseignes (caractères gravés en rouge),	—

N° d'ordre		
869	1 Martinet,	en bambou.
870	1 Dessous de casserole,	—
871	1 Étui à natte,	—
872	1 Réchaud à main, en terre et	—
873	1 Table,	—
874	1 Chaise longue,	—
875	1 Fauteuil,	—
876	1 Chaise,	—
877	1 Échelle,	—
878	3 Tabourets,	
879	2 Fauteuils pour enfants,	
880	1 Panier pour transporter la pâtisserie,	en osier.
881	1 Entonnoir à argent,	—
882	2 Paniers à fruits,	—
883	2 — à papier,	—
884	1 Panier à lettres,	—
885	1 — à fleurs,	—
886	1 — à ouvrage, pour dames,	—
887	1 — à tabac,	—
888	1 — à argent,	—
889	1 Dessous de plat,	—
890	1 — de bol,	—
891	1 Panier de vivres, à compartiments,	—
892	3 Corbeilles pour vieux papiers,	—
893	3 Paniers à chiens,	—
894	1 Porte-fardeaux,	—
895	1 Tabouret,	
896	1 Chaise pour bébé,	—
897	1 — — à roulettes,	—
898	2 Coussins,	—
899	6 Oreillers,	—
900	1 Bouée de sauvetage,	—
901-902	2 Boucliers peints,	—
903	3 Paniers à thé,	—
904	16 Dessous de plat,	—
907	10 Paniers de vivres,	—
909	1 Paire de corbeilles pour peser,	—
910	1 Lot de plateaux,	—
911	1 Lot de trois rouleaux de cordes,	—
912-912 *bis*	2 Colliers, grains en verre,	
913	1 — — en ambre,	
914	1 — — en bois parfumé,	
915	4 Brosses à souliers,	

N° du port.		
916	2	Brosses de toilette.
917	4	— à dents.
918	1	Paire d'éventails magiques.
919-920	9	Brosses de peintre, pour coller, en fibres de noix de coco.
921	2	Coussins — — —
922	3	Nattes, — — —
923	1	Plumeau pour moustiques, — — —
924	1	Valise, recouverte de fibres de noix de coco.
925	3	Plumeaux, en plumes.
926	1	Nécessaire de toilette, en bois noir.
926 *bis*	1	— — rouge.
927	1	— — — avec incrustations.
928	1	Miroir en bois noir ordinaire (pour suspendre).
929	1	— rouge — de table.
930	1	— de table en bois noir ordinaire.
931	1	— à main — —
932	1	— — — rouge —
933	1	— (pour suspendre), en bois noir avec incrustations.
934	1	— à main — —
935	1	— (avec pied), — —
936	1	— de table avec support — —
937	2	Plateaux en bois noir, avec incrustations (accessoires de fumeur d'opium).
938	1	Bol en bois noir, avec incrustations (accessoires de fumeur d'opium).
939	1	Dessus d'encrier en bois noir, avec incrustations.
940	1	Porte-cartes — —
941	1	Support de montre — —
942	4	Pipes ordinaires en bambou.
943	2	— — pour femmes.
944	1	— — en bois d'olivier.
945	1	— longue pour vieillard (servant aussi de canne).
946	19	Fume-cigarettes et cigares en verre.
947	6	— — en cornaline.
948	4	— — en écaille.
949	1	Porte-cartes, en cuir.
950	8	Etuis de pipes à eau, —
951	1	Portefeuille.
952	2	Bavettes, —
953	1	Serviette, —
954	1	Coussin, —
955	8	Oreillers, —
956	1	Repose-tête, — (avec creux pour l'oreille).

957 8 Porte-monnaie en cuir.
958 4 Blagues à tabac, —
959 3 Peignes à moustache, en écaille de tortue.
960 5 — à cheveux, — —
961 2 Épingles à cheveux, — —
962 1 Paire de lunettes, — —
963 1 Canne — —
964 1 Paire d'étuis à ongles — —
965 1 — d'anneaux pour pipe à opium, — —
966 1 — — — ordinaire — —
967 1 — de bagues, — —
968 1 — de boucles d'oreilles, — —
969 3 Pinces à éventails — —
970 2 — à cheveux, — —
971-972 2 Paires de bracelets, — —
973 1 — de baguettes (pour manger). — —
974-974 *bis* 2 Blocs d'ivoire creux (porte-pinceaux), peints en or.
975 1 — — sculpté, avec support
976 1 Paires de coquilles, peintes en or, avec incrustations.
977 1 — — sculptées, —
978 1 Boite à bijoux, en ivoire.
979 6 Coupe-papier, —
980 1 Paire d'ouvre-gants —
981 3 Statuettes, —
982 3 Ronds de serviettes, — peints en or.
983 3 — — — sculptés.
984 2 Cadres à photographies —
985 2 Porte-cartes —
986 1 Boite à poudre de riz — peinte en or.
987-987 *bis* 2 Porte-cartes en bois de santal.
988 1 Paire d'ouvre-gants — —
989 2 Cercueils chinois — —
990 1 Pipe à opium en corne.
991 1 — en écaille de tortue.
992 1 — — imitation).
993 1 — en peau de requin
994 1 — en bambou.
995 2 — en bois noir laqué.
996 1 — en bois jaune laqué.
997 1 — rouge, laquée.
998 1 — verte. —
999 1 Nettoie-pipe, pour pipe à opium.
1000 3 Couteaux, — —

N° du port.		
1001	3	Crochets, pour pipe à opium.
1002	8	Accessoires, — — piques, crochets, etc.)
1003	4	Lampes à opium (métal blanc).
1004	6	Pipes à eau.
1005	10	Baguettes en bois (pour manger).
1005 *bis*	3	Peignes en bois.

Chun Quan Kee. — Canton.

1006	1	Porte-cartes en bois de santal.
1007-1010	4	Cadres — —
1011	1	Boîte à mouchoirs — —
1012	1	Armoire — —
1013-1018	6	Coupe-papier en ivoire.
1019-1020	2	Cannes —
1021-1022	2	Porte-pinceaux —
1023	1	Bateau de fleurs —
1044-1047	4	Porte-cartes en ivoire.
1048-1054	7	Cadres —
1055	1	Urne — sculpté.
1056	1	Boule en ivoire sculpté, avec le pied (18 boules à l'intérieur, l'une contenant l'autre.
1057-1058	2	Boîtes à mouchoirs en ivoire.
1059-1062	4	— à bijoux —
1065-1070	6	— à thé, laquées.
1071-1072	2	Lots de plateaux laqués (4 pièces chaque).
1076	1	Échiquier, laqué, avec incrustations.
1077-1080	4	Boîtes à cigares, laquées.
1087	1	Collection de personnages en ivoire, pour échecs 32
1088	1	Paire de vases en ivoire.
1089	4	Peignes —
1090	1	Coquille sculptée, pied en bois noir.
1091	1	Boîte à fruits confits, laquée.
1092-1093	2	Cannes, en bois de santal, sculptées
1094	4	Sujets en ivoire sculpté.
1095-1096	2	Cercueils en ivoire.
1097-1099	3	Paires de gratte-dos en ivoire.
1100	1	Manche à ombrelle, avec son extrémité, en ivoire.
1101-1108	2	Ouvre-gants en ivoire.
1103	4	Chausse-pieds —

Gouvernement Chinois. — Kiungchow.

24	1	Amulette de femme aborigène « Li ».

N° du port.

26 2 Epingles en corne de chevreuil pour jeunes filles aborigènes « Li ».
27 4 Epingles en corne de chevreuil pour femmes aborigènes « Li ».
28 2 Peignes en bambou pour femmes aborigènes « Li ».
32 Bâtonnets des aborigènes « Li ».
43 2 Theières en noix de coco, doublées d'étain.
44 2 Pots à eau-de-vie en noix de coco, doublés d'étain.

45	1 Boîte à thé	—	—	doublée	—
46	1 Pot à lait	—	—	doublé	—
47	6 Tasses à thé	—	—	doublées d'argent.	
48	100 — à vin	—	—		—
49	2 Crachoirs	—	—		
50	6 Ronds de serviettes	—	—		
51	6 Bagues	—	—		
52	1 Boîte à cosmétiques	—	—	doublée	d'étain.
53	2 Boîtes à bijoux	—	—	doublées	—
54	1 Sucrier	—	—	doublé	—
55	1 Plateau	—	—	—	—
56	3 Bols à riz	—	—		
57	9 Bouteilles-tabatières	—	—		
58	6 Paniers à fleurs	—	—		
59	2 Jardinières	—	—		
60	8 Globes à fleurs	—	—		
61	4 Plats à fruits	—	—		
62	2 Vases	—	—		

63 1 Tasse à thé et soucoupe en noix de coco.
64 6 Outils pour sculpter les noix de coco, et objets en différents stages de préparation.

Gouvernement Chinois. Mengtsz.

42 1 Pipe à eau en bambou.

Gouvernement Chinois. — Szemao.

88 Pierre et briquet avec l'amadou.
144 Pipe « Shan ».
145 Fourneaux de pipes en terre cuite.
150 2 Boîtes en bambou.
151 Panier en rotin.
152 — à outils, en bambou.
153 Porte-tasse en rotin.

CLASSE 99. — *Industrie du caoutchouc et de la gutta-percha Objets de voyage et de campement*

Gouvernement Chinois. — Shanghai.

N° du port.

558 1 Boîte-oreiller. en cuir
559 1 — à livres. —
560 1 — à bijoux. —
561 1 — à chapeau, double —
562 1 — à — simple, —
563 1 Malle de voyage.
564 1 Caisse — en cuir pour vêtements en soie.
565 1 Boîte rouge — pour pèlerine de mandarin.
566 1 — porte cartes —

Gouvernement Chinois. — Kiungchow.

41 2 Malles de voyage, en cuir de porc, brunes.
42 1 Malle — rouge doré.

Gouvernement Chinois. — Szemao

130 Vêtement imperméable, en feuilles d'une espèce de *Pandanus*.
131 Vêtement imperméable en fibres de palmier et feuilles.

CLASSE 100. — *Bimbeloterie*

Gouvernement Chinois. — Tientsin

35 Groupe de 18 figurines en terre Cortège funèbre.
36 — de 20 — — Prières funèbres.
37 — de 14 — — Cérémonie de noces.
38 — de 8 — — Un dîner.
39 — de 6 — — Mendiants.
40 — de 8 — — École.
41 — de 26 — — Tribunal des peines.
44 — de figurines — Colporteurs, etc.

Gouvernement Chinois. — Foochow

164 Jetons d'ivoire pour le jeu dit « Chuan Yuan hia ».
165 Jeu dit « Mach'o », 152 pièces en bois et os.
166 — — — en os et bambou.
167 Jetons pour le jeu de « Machio ».
168 Cornet à dés en étain avec plateau.

N° du cat.

169 Jeu de dominos en ivoire.

170 — — en os et bambou.

171 — — en bambou.

172 Jeu d'échecs « Hsiangchi ». 32 pièces en bois et os.

173 — en bois.

174 2 Séries de dés.

175 Jeu de cartes en boîte. « Ssû Sai » (120 cartes)

176 — « Ssû Sai ».

177 2 Jeux de cartes « Fengkan » (60 cartes).

178 4 Paquets de cartes « Fengkan ».

179 2 — — « San yueh ».

180 Jeu de dés en pierre « Yu pao ».

181 2 Échiquiers.

182 Plateau pour le jeu de « Weichi ».

Gouvernement Chinois. — Canton.

1104 Assortiment de jouets et bibelots en mica, en terre, en cire et en porcelaine.

1105 Assortiment de jouets, chaises, tables, etc., en bois noir.

Gouvernement Chinois. — Szemao.

154 2 Balles de jeu « Shans ».

SEIZIÈME GROUPE

Économie sociale. — Hygiène. Assistance publique.

Classe 103. — *Grande et petite industrie.*

Gouvernement Chinois. — Canton.

N° du cat.

1106 Modèles de marchand ambulant.

1107 — de savetier —

1108 — de coiffeur

1109 — de marchand de parapluies ambulant.

CLASSE 118. — *Génie maritime. — Travaux hydrauliques. — Torpilles.*

Gouvernement Chinois — Foochow.

N° du port.

33 Modèle de jonque de guerre.

Gouvernement Chinois. — Canton.

64 Modèle de canonnière chinoise.

DIX-SEPTIÈME GROUPE

Armées de terre et de mer.

CLASSE 120. — *Services administratifs.*

Gouvernement Chinois. — Hankow.

N° du port.

516 1 Jaquette : soie bleu-sombre, ornée tout autour de satin noir, boutons de cuivre, les manches portent un double dragon brodé en fil d'or. (Uniforme des officiers d'un haut rang.)

517 1 Gilet : en camelot bleu, orné de velours noir, boutons de cuivre, des caractères chinois sur fond rouge sont cousus devant et derrière. (Porté par les soldats. Les caractères chinois indiquent le camp auquel ils appartiennent et le rang qu'ils occupent.)

518 1 Jaquette : en camelot bleu foncé, ornée de camelot rouge, boutons en étoffe, caractères chinois sur étoffe rouge devant et derrière. (Porté par les soldats. Les caractères chinois indiquent le camp auquel ils appartiennent et le rang qu'ils occupent.)

519 1 Jaquette : camelot rouge-cramoisi, ornée de soutaches blanches et de camelot vert ; caractères en velours noir devant et derrière. (Porté par les soldats. Les caractères chinois indiquent le camp auquel ils appartiennent et le rang qu'ils occupent.)

520 1 Jaquette : coutil noir, ornée d'étoffe noire, boutons de cuivre, caractères rouges devant et derrière. (Porté par les soldats. Les caractères chinois indiquent le camp auquel ils appartiennent et le rang qu'ils occupent.)

N° du port

521 1 Pantalon : soie bleu foncé, orné au bas de satin noir, ceinture en coton. (Porté par les officiers.)

522 1 Pantalon : cotonnade noire, ceinture en coton bleu. (Porté par les soldats.)

523 2 Garnitures de jambes : deux morceaux séparés de camelot rouge, bleu ou noir, de deux pieds de long sur dix-huit de large, décorés de camelot vert ou rouge et de soutaches blanches : ils sont fixés à la ceinture du pantalon et tombent à l'extérieur de la jambe. (Portées par les soldats pour compléter leur uniforme.)

524 2 Jambières : faites en cuir teint en vert, doublées de coton, tout autour des dessins, surtout des fleurs ; fixées au fond par une jarretière autour des chevilles, et au sommet attachées à la ceinture. (Portées par les soldats en hiver.)

525 2 Guêtres : faites d'étoffe de coton bleue de six pouces de long, cinq boutons. (Portées par les soldats pendant les marches.)

526 2 Sandales : faites en chanvre, maintenues par des ficelles de chanvre faisant le tour du pied. (Portées par les soldats pendant les marches.)

527 2 Bottes : en velours noir, semelle en cuir épais ; elles sont ornées de dessins très connus, dont les plus communs sont les papillons et les nuages. (Portées par les soldats en exercice. L'extrême raideur des semelles les rend très fatigantes, et les soldats s'en débarrassent aussitôt qu'ils le peuvent.)

528 1 Visière : six bandes de carton cousues ensemble et recouvertes d'étoffe de coton à couleur. (Portée par les soldats pour protéger les yeux contre le soleil. Ils la fixent contre le front au moyen de leur tresse qui fait plusieurs fois le tour de la tête.)

PARIS. — IMPRIMÉ PAR CHARLES NOBLET ET FILS
13, rue Cujas.

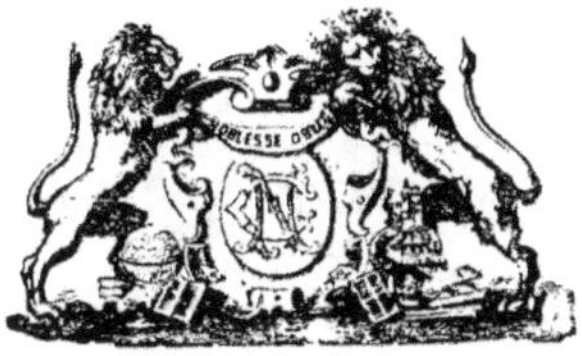

www.ingramcontent.com/pod-product-compliance
Lightning Source LLC
LaVergne TN
LVHW050753200726
843507LV00001B/120